Social Media Marketing für Unternehmen

Wie Sie Facebook, Instagram und Snapchat meistern, Ihre Zielgruppe erreichen und neue Kunden gewinnen

Paul Reiser

Inhaltsverzeichnis

Einführung 1
Social Media – Perspektivreich in die Zukunft blicken 4
   Warum Social Media? 4
      Kunden erobern zu einem günstigen Preis 4
      Optimaler Spielraum für kleine Unternehmen 5
      Kunden sind besser zueinander vernetzt 5
      Kunden besser verstehen 6
      Sozial sein und verkaufen 6
   Facebook, Instagram und Snapchat im Vergleich 7
Bevor Sie starten 9
   Ihre Mission 9
      Kompetenter Dienstleister sein 9
      Empathisch sein 10
      Strömungen aufgreifen 11
      Vermeiden Sie diese Fehler 11
      Privatsphäre gehört Ihnen 12
   Legen Sie Social-Media-Richtlinien fest 13
   Personal aussuchen 14
   Mit Krisensituationen umgehen 15
Effiziente Strategie ausbrüten 18
   Planen mit Köpfchen 18
      Schritt 1: Zielsetzung definieren 18
      Schritt 2: Zielgruppe finden 19
      Schritt 3: Social Media Plan entwickeln 19
   Beispiel für einen Social Media Plan 22

Mit Facebook durchstarten 25
    „Gefällt mir"-Klicks verstehen 35
Instagram 42
    Instagram für Unternehmen 43
        Märkte für Instagram 43
        Instagram wie ein Profi nutzen 45
    Inhalte erstellen 46
    Registrieren und loslegen 47
        Bilder teilen 48
        Hashtags nutzen 49
        Fans finden 49
        Geschichten entwerfen 50
Snapchat entdecken 51
    Warum Snapchat? 51
    Was wollen Nutzer sehen? 52
    Registrieren und loslegen 54
        Ihre allererste Geschichte 54
        Snapchat Übersicht 55
        Kamera bedienen 55
        Profilbild erstellen 57
        Linsen und Geofilter nutzen 58
        Geschichten erstellen 59
Social Media Management 62
    Eine kleine Fallstudie 63
    Cyber Management 64
        Integriertes Social Media Marketing 65
        Hootsuite, Trello, Google Alerts 66
        Weitere Cyber-Tools 68

Eine Muse aufsuchen 68
Metriken bestimmen 71
   Die wichtigsten 4 71
   Facebook-Analytik 73
   Instagram-Analytik 79
   Snapchat-Analytik 82
Ergebnisse analysieren 85
   Schritt 1: Den Film zurückspulen 85
   Schritt 2: Auf die ausgewählten Metriken zurückgreifen 86
   Schritt 3: Messen 88
   Schritt 4: Kontrollieren und berichten 89
   Schritt 5: Anpassen und wiederholen 91
Schlusswort 93

Einführung

Die Nutzung sozialer Netzwerke im privaten Leben macht Spaß und ist inzwischen zur zweiten Natur vieler Menschen geworden. Man kann Familie und Freunde kontaktieren, sich über die neuesten Geschehnisse informieren und Gedanken, Eindrücke und Einblicke aus unserem Alltag anhand von Bildern, Videos und kurzen Texten teilen.

Klingt ja ganz einfach. Doch soziale Netzwerke für ein Unternehmen zu nutzen und dadurch auch Gewinne zu erzielen ist ein ganz anderes Paar Schuhe. Man braucht Zeit, etwas Geld, vielleicht auch Personal und einen ausgeklügelten Plan. Dieser Ratgeber verrät Ihnen in kompakter und leicht verständlicher Form alles, was Sie über Social Media Marketing wissen müssen. Sie lernen, wie Sie den Wirrwarr von Geschäftskennzahlen bändigen, Ihre Zielgruppe erreichen und langfristige Beziehungen zu Ihren Kunden schaffen.

Bereits zu viel um die Ohren? Kein Problem!

Was definiert Sie als Unternehmer? In Stichworten wäre das ungefähr: Ehrgeiz, Überzeugungskraft, zielorientiertes Denken und nicht zuletzt, Zeitmangel.

Sie haben schon Erfolge erlebt, genügend Erfahrung gesammelt und sich in Ihrer Branche etabliert, oder Sie sind ganz neu im Geschäft und wissen nicht genau, womit Sie anfangen sollen. Tatsache ist: Die Welt bewegt sich heute schneller als je zuvor. Das ist ein Thema sowie für junge als auch für erfahrene Unternehmer. Technologie entwickelt sich blitzschnell, so auch unser Umgang mit technologischen Mitteln. Ihr Zeitplan ist ohnehin voller Termine und Sie können unmöglich noch ein Zeitfenster für Social Media schaffen. Gleichzeitig können Sie es sich auch nicht leisten, Social Media nicht zu verwenden. Wie sollen Sie also noch Zeit für Facebook, Instagram und Snapchat finden? Mit diesem Ratgeber werden Sie lernen, wie Sie mit einem Minimum an Zeitaufwand und Ressourcen das Beste aus Ihrer Social-Media-Kampagne machen.

Für wen ist dieser Ratgeber gedacht?

- Start-ups, die mit ihrem Produkt oder ihrer Dienstleistung einen Fuß in die Tür bekommen wollen

- Freiberufler und Selbstständige, die mehr Kunden gewinnen möchten

- Berater, die ihre Kenntnisse erweitern oder auffrischen wollen

- erfahrene Unternehmer, die noch keine Social Media Präsenz haben.

Was werden Sie lernen?

- Ein integriertes Markenbild über mehrere Social-Media-Plattformen schaffen
- Social Media für mehr als nur Markenbekanntheit nutzen
- Konten erstellen auf Facebook, Instagram und Snapchat
- Strategien und Taktiken gezielt einsetzen

- Eine Langzeitbeziehung zu Ihren Kunden entwickeln und ihr Vertrauen gewinnen

- Spannende Diskussionsthemen auf Ihren Seiten bieten

- Interessante Beiträge erstellen, die Besucher tatsächlich lesen wollen

- Social Media Marketing-Pläne kreieren, die übersichtlich und zielführend sind

- Cyber-Tools nutzen, um Zeit zu sparen und effizient zu arbeiten.

Machen Sie sich bereit, Ihre Kenntnisse zu erweitern und Ihr Unternehmen aus einem neuen Licht erstrahlen zu lassen. Entfalten Sie Ihr Geschäft zum vollen Potenzial und lassen Sie sich die Vorteile des Social Media Marketings nicht entgehen!

Social Media – Perspektivreich in die Zukunft blicken

Warum Social Media?

Warum sollte ein Unternehmen Social Media nutzen? Es geht schließlich darum, Geld zu machen und nicht, sich niedliche Katzen im Internet anzusehen. Eine ähnliche Frage hätten sich Unternehmer im späten 19. Jahrhundert gestellt: „Warum sollte ich überhaupt eine Anzeige in der Tageszeitung aufgeben? Das bringt doch gar nichts!"

Social Media befindet sich immer noch im Frühstadium, wobei die Experimentierphase längst vorbei ist. Das ist die perfekte Zeit, um mit ins Boot einzusteigen, falls Sie das noch nicht getan haben. Welches sind aber die Vorteile, wenn man früh dran ist?

Kunden erobern zu einem günstigen Preis

Um die Aufmerksamkeit potenzieller Kunden zu gewinnen, sind Unternehmen im ständigen Wettbewerb gegeneinander. Es ist einfach eine Sache von Angebot und Nachfrage. Früher war Kundenakquisition teuer, wenn man viele Wettbewerber hatte. Je kleiner der Teich, desto größer die Chancen, zu wachsen und sogar Herrscher über eine Branche zu werden. Je mehr Wettbewerber man hatte, desto höher war der Preis, neue Kunden zu gewinnen. Mit Social Media hingegen bekommen Sie die Aufmerksamkeit Ihrer Kunden zu einem günstigeren Preis.

Optimaler Spielraum für kleine Unternehmen

Eines der besten Vorteile von Social Media Marketing ist, dass ein Produkt von guter Qualität im Rampenlicht stehen kann. Das stellt überteuerte und vielversprechende Marken im Hintergrund, sowie auch Werbeagenturen, für die Sie sonst einen Haufen Geld ausgeben müssten. Mit etwas Takt und Ehrgeiz kann nun jeder Unternehmer seine eigene Kampagne starten und seine Kunden zu Recht verdienen.

Kunden sind besser zueinander vernetzt

Stellen Sie sich vor, wie schwer es für Unternehmer in der Vergangenheit sein musste, ein Geschäft zu starten. Und mit der Vergangenheit ist hier nicht das Jahr 1895 gemeint, sondern die Zeit vor 20 bis 30 Jahren. Die üblichsten Marketingstrategien waren traditionelle Werbemittel wie Zeitungen und Plakate oder das Hörensagen. Doch die beste Methode seit jeher besteht aus Kundenbewertungen. Wenn ein Kunde eine gute Erfahrung mit einem Produkt machte, würde er es an Familie und Freunde weiterempfehlen. Tag ein Tag aus kommt immer wieder ein neues Gesicht ins Geschäft. Der Verkäufer und Besitzer fragt, wie der Kunde zu seinem Geschäft gefunden habe. Der Kunde antwortet, ein Freund hätte ihn empfohlen.

Diese Methode ist nicht nur ein paar Jahrzehnte alt. Die Art, Kunden aus ihrem Freundeskreis zum Kauf zu ermutigen ist so alt, wie die Menschheit selbst. Wir Menschen sind soziale Wesen, passen uns aneinander an, folgen Empfehlungen und verlassen uns auf die Erfahrung anderer. Der Unterschied heute ist, dass wir das in einem technologisierten Spielraum tun können. Ein Unternehmen aufgrund von

Kundenrezensionen wachsen zu sehen ist heute also leichter, als je zuvor.

Kunden besser verstehen

Jeder Markt funktioniert nach der Regel von Anfrage und Bedarf. Kunden sind oft die Entscheidungsträger und bestimmen, welche Produkte beliebter sind und welche nicht. Doch zu erfahren, was der Kunde wirklich will war bis vor Kurzem kompliziert, aufwändig und kostspielig. Heute bieten Social-Media-Plattformen wie Facebook übergreifende Grafiken und Statistiken über Ihr Profil. Sie können das Verhalten Ihrer Kunden viel besser verstehen, indem Sie beobachten, was sie gerne lesen, kaufen oder wann sie online sind.

Darüber hinaus haben Kunden einen viel besseren Zugang zu Ihnen. Sie geben Rezensionen, Lob und Kritik ab, damit Sie wissen, was Sie in Zukunft besser machen können.

Sozial sein und verkaufen

Schlichte Anzüge und strenges Protokollieren ist Schnee von gestern. Was Kunden heutzutage wollen, ist menschliche Interaktion. Social Media Marketing ist sozial und basiert auf einem Vertrauensaufbau zwischen Kunden und Unternehmen. Ein Geschäft ist keine leblose Transaktion mehr, sondern es führt zur Entwicklung einer authentischen Beziehung zwischen Kunde und Verkäufer.

Mobil sein

Sie sind etwas spät dran und werden bestimmt wieder im Stau stecken? Oder Sie haben sich eine Erkältung eingefangen und müssen sich ausruhen? Mit einem Laptop oder Handy und Internetverbindung können Sie sich um Ihre Social-Media-Plattformen von daheim aus kümmern. So müssen Sie Ihre Kunden nie im Stich lassen und Ihr Geschäft läuft wie geschmiert.

Facebook, Instagram und Snapchat im Vergleich

Facebook ist die berühmteste und meist genutzte Social-Media-Plattform überhaupt. So ziemlich alle Marken haben hier schon eine Präsenz. Wenn Sie mehr Kunden akquirieren möchten, so sollten Sie es auf jeden Fall mit Facebook versuchen, da es hier über 1,6 Milliarden Nutzer gibt. Darunter finden Sie alle Altersgruppen, Geschlechte und Regionen. Über die Jahre hat sich Facebook zu einer Plattform entwickelt, die benutzerfreundliche Eigenschaften für Unternehmen anbietet. Sie können Statistiken nachverfolgen, Werbungen aufgeben und mit Kunden direkt ins Gespräch kommen.

Instagram ist besonders gut für Internet Marketing, dank der Eigenschaften sowie der Grenzen dieser Applikation. Auf Instagram kann man nur Bilder und Videos hochladen und sie mit Hashtags etikettieren. Menschen sind es allmählich leid, ständig Werbungen und Plakate von Marken zu sehen, die grundsätzlich die Nachricht „Kaufe dies und kaufe das" vermitteln. Im Unterschied zu Facebook kann man auf Instagram keine Werbung veröffentlichen. Mit Instagram können Sie Bilder hochladen, die Sie inmitten des Geschehens zeigt und zudem auch interessante Themen für Ihre Kunden bieten. Diese Methode ist weniger invasiv und hat vielmehr zu bieten als nur Aufforderungen zum Kauf eines Produktes.

PAUL REISER

Mit Snapchat können Sie Schnappschüsse und kurze Videos teilen. Im Unterschied zu Facebook und Instagram ist die Anzahl Ihrer Abonnenten auf Snapchat nicht von großer Bedeutung. Bei Snapchat geht es vielmehr um das Hier und Jetzt. Sie können sich von Ihrer spontanen und kreativen Seite zeigen. Wenn Ihre Zielgruppe hauptsächlich aus jungen Leuten besteht, ist Snapchat besonders gut, um diese anzusprechen.

Bevor Sie starten

Was Sie in diesem Kapitel lernen:

- Kompetent auf Social Media auftreten
- Die perfekten Eigenschaften eines Social-Media-Personals
- Krisensituationen mit Takt meistern

Ihre Mission

Geht es also beim Social Media Marketing um das Hochladen von Bildern? Oder steckt mehr Arbeit dahinter? Wie genau kann ein Unternehmen mit Social Media wachsen? Hier wollen wir einige Dinge vorweg nehmen und Ihnen verraten, wie Sie korrekt handeln und Social Media zum Vorteil Ihres Unternehmens nutzen.

Kompetenter Dienstleister sein

Unternehmer haben den Eindruck, Social Media wäre nur ein Mittel, über sich selbst zu sprechen und das Unternehmen zur Schau zu stellen. Diese Einstellung ist falsch. Bei Social Media geht es nicht um Sie, sondern um Ihre Kunden und was Sie diesen bieten können.

Wenn Sie Ihre Arbeit auf Social Media gut machen, können Sie enge Beziehungen zu Ihren Kunden entwickeln und ihr Vertrauen gewinnen, auch wenn Sie sich nicht in Ihrem physischen Geschäft befinden.

Versetzen Sie sich in die Situation Ihrer Kunden. Sie sind sehr beschäftigte Menschen, genau wie Sie. Was brauchen Ihre Kunden? Wie können Sie ihnen das Leben etwas erleichtern? Wie können Sie ihnen helfen, ihre Ziele zu erreichen?

Schaffen Sie sich ein klares Bild von den Bedürfnissen Ihrer Kunden und erstellen Sie Inhalte, die Lösungen zu Alltagsproblemen bieten. Sobald Sie erfahren, was Ihre Kunden sich wünschen, vernetzen Sie sich mit Ihnen und teilen Sie Ihre Inhalte, Videos, Blogeinträge. Beweisen Sie, dass Ihr Unternehmen Lösungen anzubieten hat. Nicht vergessen: Gehen Sie immer dahin, wo Ihre Kunden sind.

Social Media Marketing ist ein langfristiges Engagement. Machen Sie sich also bereit, einen Bruchteil Ihrer Zeit regelmäßig darin zu investieren. Bevor Sie starten, vergewissern Sie sich, dass Sie die nötigen Ressourcen haben.

Empathisch sein

Reden ist einfach, zuhören ist schwer und am schwersten ist es, ein guter Zuhörer zu sein. Ob Kunden Produkt X über Produkt Y bevorzugen, ob sie sich für bestimmte Themen interessieren oder welche Probleme auftauchen, Sie müssen immer auf das Gespräch Ihrer Kunden achten. Wenn Sie ein guter Zuhörer sind, brauchen sie nichts anderes zu tun, als Ihren Kunden aufmerksam zuzuhören und ihnen dann die Lösung ihrer Probleme zu geben. Bis vor Kurzem war diese Art von Zuhören ein relativ kostspieliges Unterfangen. Sogar heute zahlen große Unternehmen viel Geld an Wirtschaftsforschungsinstitute, um zu erfahren, wo die Kunden sind und was diese brauchen.

Vor einigen Jahrzehnten haben kleine Unternehmen, die sich professionelle Wirtschaftsforschung nicht leisten konnten, das Recherchieren selbst gemacht. Man stand auf der Straße und zählte die Menschen. Man beobachtete, welche Marken sie bevorzugten. Man unternahm tagelange Umfragen an ungeduldigen Passanten. Diese Sorgen haben Sie vom Tisch, weil Sie heute Kunden auf Social Media beobachten können.

Strömungen aufgreifen

Wenn es um Social Media geht, ist der Zeitfaktor eines der größten Herausforderungen für Unternehmen. Soziale Netzwerke sind immer online. Sie fließen wie ein Bach den Berg hinab und halten für keinen an. Sie können nicht ständig auf sozialen Netzwerken anwesend sein. Sie können hingegen lernen, Zeit klug zu investieren, sich um Ihr eigentliches Geschäft zu kümmern und das ohne die wichtigsten Neuigkeiten zu verpassen.

Vermeiden Sie diese Fehler

Das Image Ihrer Social-Media-Profile ist genauso wichtig wie die Qualität Ihres Produktes. Mit einer schlecht aussehenden Profilseite können Sie dem Ruf Ihres Unternehmens mehr Schaden anrichten, als wenn Sie überhaupt kein Profil hätten.

Leider sind viele Unternehmen der Meinung, dass man einfach ein Konto erstellt und die Umsätze und Bestellungen werden schon von alleine einfließen. Noch mehr ist es falsch zu denken, dass einige Beiträge und kurze Texte wie „Unsere Produkte sind die besten auf dem Markt – jetzt kaufen!" jemals Einnahmen bringen. Stellen Sie sich als Kunde vor. Würden Sie selbst so einen Satz lesen wollen? Deshalb braucht man sich auch nicht wundern, wenn diese Strategien nichts bringen. Außerdem werden wir lernen, folgende Fehler zu vermeiden:

- Keinen richtigen Plan zu haben

- Mit einer „Sei Du selbst"-Einstellung zu glauben, ans Ziel zu kommen

- Die ganzen Vorteile und Eigenschaften von Social-Media-Plattformen nicht in vollen Zügen zu nutzen.

Mit ausgeklügelten Strategien und einem Minimum an Zeitaufwand wird Ihr Unternehmen wachsen und eine wohl verdiente Erfolgsquote erreichen.

Privatsphäre gehört Ihnen

Die Nutzung von sozialen Netzwerken für unternehmerische Zwecke zwingt Sie nicht, Ihr privates Leben auf den Tisch zu legen. Sie werden keineswegs mehr Kunden gewinnen, wenn Sie Eindrücke in Ihr Privatleben teilen. Schließlich vermarkten Sie Ihr Produkt und nicht sich selbst.

Es gibt aber Ausnahmen. Wenn Sie zum Beispiel Babyprodukte verkaufen und selbst einen Säugling haben, so ist es natürlich von Vorteil, dass Ihr Privatleben Teil der Marke wird. Im kulinarischen Bereich können Sie diese Strategie auch nutzen. Sie kochen für Ihre Familie, die Kinder genießen das gesunde und frisch zubereitete Essen – ein Schnappschuss von Ihrer Familie am Essenstisch kann eine positive Auswirkung auf Ihr Unternehmen haben.

Legen Sie Social-Media-Richtlinien fest

Soziale Netzwerke haben viele Vorteile, die aber schnell zu Nachteilen werden können. Mit Kunden in Kontakt zu kommen, ist eines davon. Ein Kunde gerät in eine erhitzte Diskussion mit einem Ihrer Mitarbeiter – und das vor den Augen der Öffentlichkeit. Was tun, um den guten Ruf Ihres Unternehmens zu schützen?

Setzen Sie klare Richtlinien fest, wie Sie sich als Unternehmen auf sozialen Netzwerken verhalten. Mit Verhaltensrichtlinien werden Sie:

- Die Philosophie Ihres Unternehmens untermauern
- Eine akzeptable Wortwahl auf sozialen Netzwerken bestimmen
- Kunden mit Respekt behandeln
- Verantwortung für jedes geschriebene Wort übernehmen
- Transparenz fördern
- Ehrlich sein

Wollen Sie seriös, kritisch oder lustig auftreten? Alles hängt allein von dem ab, was Sie von sich erwarten. Schreiben Sie Ihre Verhaltensrichtlinien einfach und leicht verständlich, damit Ihre Mitarbeiter sie auch lesen.

Seien Sie spezifisch, wenn es zum Verhalten in bestimmten Situationen kommt. Beispiel: Was tun, wenn ein Kunde eine Kritik abgibt? Was tun, wenn ein Kunde eine unangebrachte Wortwahl benutzt?

Personal aussuchen

Die meisten Unternehmen können sich kein ganzes Team für Social Media Marketing leisten. Start-ups und kleine Unternehmen umso weniger. Dabei sind es ausgerechnet diese, welche Social Media Marketing für deas Wachstum ihres Geschäfts dringend brauchen. Manchmal geht die Verantwortung auf die Schultern des Chefs, der ohnehin schon mit anderen Aufgaben belastet ist. Wie kann man es mit einem beschränkten Budget verwirklichen?

Eigenschaften

Social Media ist ein visuelles Medium. Das Personal, welches sich darum kümmert, sollte auf alle Fälle ein Gespür für Fotografie, Design oder Videoproduktion haben. Darüber hinaus sollten sie gute Schreiber sein, die Blogeinträge und Texte verfassen sowie interessante Dialoge mit Kunden aufrechterhalten können. Zudem sollte Ihr Personal geschickt im Recherchieren sein, um neue, aufregende und aktuelle Themen und Ideen zu finden, sowie auch die Menschen finden, die Sie zu weiteren Beziehungen anschließen können. Dies können beispielsweise Blogger, Zeitungsredakteure oder Pressesprecher von anderen Firmen sein.

Generell brauchen Sie jemanden mit einer positiven Ausstrahlung sowie Engagement und Urteilsvermögen, um die Stimme und das Gesicht Ihres Unternehmens zu werden. Jemand, der sich mit Takt und Spaß mit Kunden unterhält. Finden Sie die falsche Person, so kann Ihr guter Ruf und Ihr gesamtes Unternehmen den Schaden verspüren.

Wo soll ich starten?

In kleinen Unternehmen schaut man sich selbstverständlich im eigenen Team um. Fragen Sie Ihr Team, wer gerne einige Aufgaben übernehmen würde. Fragen Sie, was ihre Hobbys sind. Sie werden erstaunt sein, was für talentierte Menschen Sie unter demselben Dach haben. Vielleicht ist jemand Hobby-Videoproduzent oder schreibt selbst Blogs.

Andere Unternehmen stellen Freiberufler an, um diese Aufgaben zu übernehmen. Das Outsourcing wird immer populärer, da Sie die Person nur für die geleistete Arbeit bezahlen, wobei man bei einem Festangestellten mit Steuern und Beiträgen rechnen muss. Outsourcing kann sehr nützlich sein, um ein Paar Hände zur Hilfestellung zu haben. Es ist wichtig, den Freiberuflern klarzumachen, welche Philosophie Ihr Unternehmen hat, da diese Ihr Image vertreten werden.

Mittelgroße oder große Unternehmen entscheiden sich manchmal für einen Community Manager. Dieser ist die Mittelsperson zwischen Ihnen und den Kunden und hilft Ihnen, Ihre Ziele erfolgreich zu erreichen. Man kann auch ohne einen Community Manager arbeiten, vor allem in der Anfangsphase Ihres Unternehmens.

Ob Ihr Team, aus einem oder mehreren Freiberuflern oder aus einem Community Manager besteht – Ihr Social-Media-Personal soll im Einklang mit Ihrer Philosophie und Mission sein, um schlechte Erfahrungen zu vermeiden und um Sie effizient ans Ziel zu bringen.

Mit Krisensituationen umgehen

Nehmen wir an, Sie liefern Essen nach Hause. Ein Kunde beschwert sich auf der Facebook-Seite Ihres Unternehmens, sich eine Lebensmittelvergiftung eingefangen zu haben. Das Allererste, was Sie tun sollten, ist das Problem öffentlich einzuräumen und zu sagen, dass Sie dies bedauern und bereits ein Investigationsteam benannt haben, welches sich um dieses individuelle Problem kümmert. Selbstverständlich müssten Sie das Geld gutschreiben. Je nach Situation können Sie eine Geschenkkarte für zukünftige Einkäufe erstellen.

Sobald Sie mit dem Kunden zu einem Schluss gekommen sind, halten Sie alle Follower über den Fortschritt Ihrer Untersuchung auf dem Laufenden. Schreiben Sie dazu regelmäßig auf Ihrer Facebook-Pinnwand.

Wenn es zu einer Krisensituation kommt, egal in welcher Branche, dürfen Sie niemals spurlos verschwinden. Natürlich werden Kunden mit Ihnen unzufrieden sein, aber Sie werden wesentlich mehr Kunden verlieren, wenn Sie so tun, als ob nichts wäre. Informieren Sie Kunden immer über den Stand der Dinge. Je mehr Infos Sie angeben, desto besser können sie sich an die Situation anpassen, für welche Sie an erster Stelle verantwortlich sind. Seien Sie präsent und verfügbar für Ihre Kunden, wenn Sie wirklich wollen, dass diese jemals wieder zurück zu Ihnen kommen, sobald die Krisensituation überwunden ist.

Kunden werden sich in der Hitze des Gefechts aufregen und Sie fühlen sich angreifbar. Doch Probleme kommen und gehen und sobald sich die Dinge wieder legen, werden Kunden schlussFollowern, dass sie sich auf Ihre Bereitschaft und Kompetenz verlassen konnten. Kommt es zu noch einer ähnlichen Krisensituation, so werden einige Kunden Sie sogar in Schutz nehmen.

Gehen Sie ein Problem mit Ehrgeiz an und nicht mit Zorn. Stellen Sie sicher, dass Ihr Social-Media-Marketing-Team dazu bereit ist, mit solchen Problemen wie Profis umzugehen.

Effiziente Strategie ausbrüten

Was Sie in diesem Kapitel lernen:

- Den Weg zu Ihrer Zielgruppe finden
- Social-Media-Marketing-Plan an Ihr Unternehmen anpassen
- Einen umsetzbaren und zielführenden Plan entwerfen

Planen mit Köpfchen

Einen Plan zu entwerfen, ist wie eine Reise planen. Sie wissen, wohin sie reisen wollen und müssen herausfinden, wie Sie dahin gelangen. Social Media Marketing ist nicht das Ziel, sondern der Weg zum Ziel. Und Ihr Ziel ist es, Ihr Unternehmen wachsen zu sehen.

Warum sollten Sie eine Social-Media-Präsenz haben? Auf jeden Fall nicht, weil bereits jeder sie hat. Viele Social-Media-Ratgeber würden sagen „Loggen Sie sich ein, Seien Sie Sie selbst und Sie werden Gewinne einkassieren!" Was aber zwischen dem Registrieren und dem Verkaufsvolumen passiert, weiß keiner so genau. Der Ratschlag „Seien Sie Sie selbst" ist eine Strategie, die nur in seltenen Fällen funktioniert. Besser: Folgen Sie diesen drei Schritten und erstellen Sie eine einwandfreie Strategie.

Schritt 1: Zielsetzung definieren

Legen Sie fest, warum Sie Social Media nutzen wollen. Hie sind nur einige Vorschläge:

- Markenbekanntheit steigern
- Kundenservice anbieten
- Mehr Newsletter-Abonnenten gewinnen
- Mehr Kunden gewinnen

Überlegen Sie, was Ihr Unternehmen braucht und wie Sie durch Social Media Marketing dort ankommen.

Schritt 2: Zielgruppe finden

Gewinnen Sie ein klares Bild über Ihre Zielgruppe. Dann müssen Sie herausfinden, auf welchen Plattformen sich Ihre Zielgruppe gerne aufhält, sei es Facebook, Instagram oder Snapchat. Ihr Ziel hierbei ist es, mit Ihren Kunden in direkten Kontakt zu kommen.

Machen Sie sich als Problemlöser bemerkbar. Veröffentlichen Sie sinnvollen und zielführenden Inhalt, in Form von Bildern, Nachrichten oder Artikeln.

Seien Sie offen gegenüber Ihren Kunden. Zeigen Sie Ihre Bereitstellung, auf Fragen einzugehen und Lösungen zu finden.

Schritt 3: Social Media Plan entwickeln

Der folgende Plan beinhaltet die wichtigsten Bereiche, die zu einer Social-Media-Kampagne dazugehören. Sehen Sie diesen Plan als eine Gedankenstütze für die Ziele, die Sie erreichen wollen und passen Sie ihn den Bedürfnissen Ihres Unternehmens an.

Mission

- Was wollen Sie erzielen? Was für Erwartungen haben Sie von Ihrem Unternehmen?

Hindernisse

- Eine Zusammenfassung der Wettbewerbslandschaft schreiben und diese besprechen: Wie geht der Wettbewerber mit bestimmten Situationen um, welche Strategien nutzt der Wettbewerber? Funktionieren sie? Was können wir besser machen?

Stärken, Schwächen und Gelegenheiten analysieren

- Welche Stärken weist das Unternehmen auf? In Stichworten beschreiben
- An welchen Stellen muss das Unternehmen noch arbeiten? In Stichworten beschreiben
- Welche Gelegenheiten sind sichtbar? Ideen sammeln

Zielsetzungen

- Was genau soll erreicht werden?
- Wie wollen Sie es erzielen und warum? (Neue Kunden akquirieren durch Facebook, weil es einen sehr leichten Zugang zu Kunden ermöglicht, Markenbekanntheit durch Instagram verbreiten, weil unser Produkt höchst ‚fotografierbar' ist, z. B. Essen)
- Zielsetzungen sollten folgende Kriterien erfüllen: messbar, anwendbar, praktisch.

Strategien

- Welche Strategien sollten für bestimmte Zielsetzungen angewendet werden? Strategien sollten umsetzbar sein.

Taktiken

- Überlegen, welche Taktiken Sie dabei benutzen. (Taktiken sind keine Strategien an sich, sondern sie werden innerhalb einer Strategie benutzt)
- Beispiel: SEO, Facebook Tabs, Hashtags, Fotos markieren, Umfragen erstellen, etc.

Budget

- Überlegen, welches Budget investiert werden soll.
- Mögliche Ausgaben bei: Web Design, Videoproduktionen, Photographie, Seiten Hervorheben, Zeitinvestition vonseiten des Personals, Freiberufler bezahlen.

Zeitrahmen erstellen

- Fristen für Einträge festlegen (z. B. Blogeintrag fertig bis 21.10.)
- Fristen für Langzeit-Strategien festlegen (z. B. 500 „Gefällt mir"-Klicks bis 10.12.)
- Bestimmen, welche Mitarbeiter was für eine Aufgabe übernehmen. Fristen bestimmen.

Ergebnisse

- Ergebnisse evaluieren, sobald die Fristen vorbei sind
- Zusammenfassen, wo Sie sich gerade befinden und was Ihnen noch bevorsteht
- Quantifizieren, messen, was Ihnen beispielsweise 500 „Gefällt mir"-Klicks gebracht haben
- Welche Bereiche sollten verbessert werden und wie?

Beispiel für einen Social Media Plan

Übersicht

- Pretty Jewels bietet personalisierte Schmuckstücke für alle Anlässe. Mit über 200 Bestellungen innerhalb von 4 Monaten hat Pretty Jewels einen langsamen, jedoch steigenden Erfolg erlebt. Eine höhere Bestellungsanzahl mittels Social Media Marketing wird angestrebt.

Mission

- Pretty Jewels als die zuverlässigste und kundenfreundlichste Marke für Design-Schmuck etablieren.

Hindernisse

- Pretty Jewels bietet qualitative Design-Schmuckstücke, hat aber nicht genügend Kunden wegen der begrenzten Bekanntheit der Marke

- Laut Kundenrezensionen ist der Versand zu teuer
- Alter der Kunden beschränkt auf 40-55 Jahre.

Stärken, Schwächen und Gelegenheiten analysieren

- Stärken: Produkte sind von einwandfreier Qualität, schnelle Anfertigung der Bestellungen
- Schwächen: Auswahl für Farbe, Form und Verzierungen ist beschränkt
- Gelegenheiten: Wir bieten die günstigsten Preise für Design-Schmuck.

Zielsetzungen

- Verkaufsvolumen zu 20 Prozent erhöhen bis 31.08. und Markenbekanntheit steigern
- Instagram-Profil erstellen, um an jüngere Altersgruppen zu kommen
- Mehr Kundenservice anbieten durch Facebook-Nachrichten

Strategien

- Kampagne für Markenbekanntheit in drei Einkaufszentren, dabei unsere Social-Media-Plattformen integrieren und werben
- Mit Kunden in Dialog treten
- Fotoshooting mit jungen Models (max. 25 Jahre alt).

Taktiken

- Kostenlose Lieferung bei Online-Bestellungen ab 50 Euro anbieten
- Facebook-Seite mit Instagram-Profil verbinden
- Fotos mit „frechen" Sprüchen versehen
- Fotos auf Facebook mit Namen von Kunden markieren (nach Zustimmung vonseiten der Kunden)
- Facebook-Werbung kaufen.

Budget

- Fotoshooting: 50€
- Kiosk anmieten für drei Kampagnen: 550€
- Testprodukte: 75€
- Facebook-Werbung: 15€

Zeitrahmen erstellen

- Termin Fotoshooting 25.03. (Peter)
- Verkaufsvolumen zu 20 Prozent erhöhen 31.08.

Ergebnisse

- Im Kapitel „Ergebnisse analysieren" erfahren Sie, wie Sie Daten messen und zu zielführenden SchlussFollowerungen kommen.

Mit Facebook durchstarten

Was Sie in diesem Kapitel lernen:

- Facebook für Unternehmen nutzen
- Mit Kunden in Kontakt kommen
- Interessante Beiträge schreiben
- Ihre Seite promoten

Falls Sie noch kein eigenes Facebook-Profil besitzen, so haben Sie viele Gelegenheiten verpasst, um neue Leute kennenzulernen, sich mit der Familie oder alten Schulfreunden zu vernetzen oder sogar Einblicke im Profil Ihres Wettbewerbers zu bekommen. Steigen Sie also mit ins Boot ein und nutzen Sie alle Eigenschaften, die Facebook für Ihr Unternehmen zu bieten hat.

Warum Facebook?

Facebook ist die meistgenutzte Social-Media-Plattform weltweit mit über zwei Milliarden monatlich aktiven Nutzern. Der Umfang von Facebook kann nur schwer geschätzt werden, da es noch nie zuvor solch eine starke Vernetzung von Menschen weltweit gab. Der Vorteil von Facebook ist, dass Sie hier Nutzer aus allen Altersgruppen, sozialen und kulturellen Hintergründen, sowie aus anderen Ländern finden.

Falls Sie noch über kein Profil verfügen, gehen Sie gleich auf Facebook und erstellen Sie ein Konto für private Zwecke. So können Sie ein Gefühl davon bekommen, wie Ihre potenziellen Kunden diese Plattform nutzen, wie oft sie online gehen und wie einfach man mit Menschen in Kontakt kommen kann. Das heißt, dass Sie Kunden schnell auffinden können anhand von demographischen Daten wie Region, Stadt, Alter, Geschlecht oder Interessen.

Nicht nur Ihre Kunden sind leicht zu identifizieren, sondern auch Sie. Weil Facebook die größte Social-Media-Plattform ist, kann man Unternehmen durch Suchmaschinen viel schneller finden.

Ziel festlegen

Bevor Sie starten, sollten Sie sich folgende Fragen stellen: Warum möchte ich Facebook für mein Unternehmen nutzen? Will ich eine Community aufbauen und direkten Kontakt zu meinen Kunden pflegen? Möchte ich Kunden akquirieren oder meine Markenbekanntheit steigern? Ihre Zielsetzung soll die Inhalte Ihrer Seite beeinflussen, um das Beste aus Ihrer Social-Media-Vermarktung zu machen. Haben Sie keine klar definierten Ziele, so werden Ihre Strategien im luftleeren Raum schweben. Im folgenden Abschnitt sind mögliche Zielsetzungen, die Sie anhand von Facebook erreichen können.

Community versammeln

Ihr Produkt wird hauptsächlich in physischen Geschäften angeboten. Statt das Verkaufsvolumen zu vergrößern, wollen Sie anhand von Facebook einfach einen Gesprächsraum für bereits akquirierte Kunden zur Verfügung stellen. Ihre Beiträge sind eher dialogorientiert, bieten Antworten auf Fragen zur Nutzung des Produktes und bringen Menschen mit gleichen Interessen zusammen. Diese Strategie fördert Vertrauen, führt zu Kundenbindung und bringt in Zukunft mehr Umsatz.

Verkaufsvolumen steigern

Hier sollten Sie stets Takt bewahren, um nicht aufdringlich zu sein und dadurch potenzielle Kunden zu verscheuchen. Besser: Geben Sie ihnen Gründe, Ihr Produkt zu kaufen und überzeugen Sie mit der Qualität, die Sie anbieten.

Beispiele:

Sie verkaufen Naturkosmetikprodukte aus Kokosöl. Heften Sie jede Woche Artikel an, die über wissenschaftlich bewiesene Vorteile von Kokosöl sprechen.

Ihr Produkt wurde in der lokalen Zeitung als Produkt der Woche erwähnt. Machen Sie ein Foto vom Zeitungsausschnitt und laden Sie es auf der Facebook-Seite Ihres Unternehmens hoch.

Sie bieten Dienstleistungen und Produkte im Bereich Bildung. Schreiben Sie regelmäßig Tipps und Tricks, teilen Sie Fakten und weiterführende Links zu Ihrem Thema.

Mit dieser Methode werden Sie dem Kunden auf subtiler Art und Weise mitteilen, dass Ihr Produkt lohnend ist. Gleichzeitig schaffen Sie ein Selbstbild als Meister in Ihrem Handwerk.

Feedback bekommen

Sie haben sich als Unternehmen relativ gut etabliert, doch Sie wachsen nicht weiter? Sie und Ihre akquirierten Kunden sind von der Qualität Ihres Produktes bereits überzeugt und nun wollen Sie mehr Kunden anziehen. Nutzen Sie Facebook, um Umfragen zu Ihren Produkten zu erstellen und finden Sie heraus, was sich Kunden wünschen. So haben

Sie die Möglichkeit, neue Kunden besser kennenzulernen und Ihren Service dementsprechend zu gestalten. Gehen Sie sicher davon aus, dass Ihr Unternehmen bereit für öffentliche, negative Rezensionen ist, ohne dabei das Geschäft zu gefährden.

Kunden akquirieren und Markenbekanntheit steigern

Wenn Sie Neuigkeiten über Ihre Marke teilen, wird dies auf der Pinnwand Ihrer Follower angezeigt. Wenn Sie ein „Gefällt mir"-Klick oder Kommentar abgeben, wird das ebenfalls auf der Pinnwand derer Familie und Freunde angezeigt. Diese Nachrichtenverbreitung durch Hörensagen bestätigt Ihre Anwesenheit auf dem Markt und führt zur Akquisition von weiteren Kunden.

Mehrere Ziele im Auge behalten

In vielen Fällen haben Unternehmen mehrere Stichwörter auf Ihrer Zielscheibe. Wenn man sie klug implementiert, kann das natürlich vorteilhaft sein. Es kann erst dann nach hinten losgehen, wenn Sie sich im Wirrwarr multipler Ziele verlieren und nicht mehr wissen, was Ihr eigentlicher Plan war. Das Resultat: Sie sehen keine konkreten Ergebnisse und fragen sich, wozu das ganze Social Media gut sei. Besser: Entscheiden Sie, was genau Sie wollen und wie Sie es erzielen. Beschränken Sie sich auf ein bis zwei Ziele, um zunächst die Gegend zu erkunden.

Schritt- für-Schritt-Anleitung zum Erstellen einer Facebook-Seite

Zum Erstellen einer Facebook-Seite brauchen Sie ein persönliches Facebook-Profil. Diesen Schritt kann man nicht umgehen, weil eine

Facebook-Seite alleine von einem Profil aus verwaltet werden kann. Dies hat keinen Einfluss auf Ihre Privatsphäre und die Besucher Ihres Unternehmensprofils können die Verbindung zu Ihrem privaten Profil nicht sehen.

Gehen Sie auf Facebook.com und erstellen Sie ein Profil oder melden Sie sich in Ihrem bereits existierendem Profil an.

Thema auswählen: Gehen Sie zur Startseite, klicken Sie oben rechts auf den Abwärtspfeil und wählen Sie „Seite erstellen" aus. Sie sehen sechs Themen (Lokales Unternehmen oder Ort/Unternehmen, Organisation oder Institution/Marke oder Produkt/Künstler, Band oder öffentliche Person/Unterhaltung/Guter Zweck oder Community).

Wählen Sie das Thema aus, das auf Sie zutrifft. Das Thema soll definieren, welche Art von Unternehmen Sie betreiben.

Abb. 1: Einen Themenbereich für das Unternehmensprofil auswählen.

Wählen Sie die Kategorie aus, die Ihr Unternehmen am besten reflektiert. Hier haben Sie die Möglichkeit, eine konkrete Beschreibung zu finden. Geben Sie den Namen und die Adresse Ihres Unternehmens an. Sie können den Namen Ihrer Seite ändern, soweit Sie weniger als 200 „Gefällt mir"-Klicks bekommen haben. Nachher ist eine Namensänderung nicht mehr möglich. Lesen Sie die Geschäftsbedingungen, um sicherzustellen, dass Sie die Regelungen von Facebook nicht verletzen und Ihre Seite geschlossen wird. Wenn Sie bereit sind, klicken Sie auf „Los geht's".

Profilbild hochladen: Wählen Sie ein Profilbild aus Ihrem Speicherort aus. Empfohlen ist ein Bild mit dem Logo Ihres Unternehmens oder mit einem Produkt, das Sie verkaufen. Profilbilder können Sie jederzeit ändern, jedoch ist es ratsam, Profilbilder so selten wie möglich zu ändern. Kunden sind bei Kaufentscheidungen sehr bildorientiert und bevorzugen gleichbleibende Symbole. Außerdem ist Konsequenz ein Zeichen für Professionalität.

Titelbild hochladen: Das Titelbild ist das erste, was Ihre Besucher sehen werden. Deshalb ist es wichtig, ein passendes Titelbild zu finden, welches einen positiven Eindruck macht. Besucher wollen innerhalb von wenigen Sekunden verstehen, wovon Ihre Seite handelt. Verwenden Sie dabei Farben, die zu Ihrem Logo oder Profilbild gut passen.

Titelvideo hochladen: Alternativ zum Bild können Sie ein kurzes Video hochladen. Dies kann als kurzer Werbeclip für Ihr Produkt dienen. Versuchen Sie, mit dem Video nicht aufdringlich zu sein. Geben Sie dem Besucher dabei eine knappe Einführung zur Dienstleistung, die Sie anbieten und was für Vorteile sie für den Kunden bedeuten.

Seiteninfo bearbeiten: Dies ist der Platz für eine kurze Beschreibung Ihres Unternehmens und Produktes. Der Text darf nur 150 Zeichen enthalten, deshalb sollten sie es kurz und knapp auf den Punkt bringen.

Einstellungen: Hier befinden sich alle Funktionen, über die Ihre Seite verfügen kann. Außerdem finden Sie hier Statistiken zu Ihren Besuchern.

Teilen Sie Ihre Geschichte: Mit Facebook können Sie Ihren Kunden zeigen, wie Ihr Unternehmen zustande gekommen ist. Sie können Beiträge chronologisch veröffentlichen, indem Sie einfach das Datum im Beitrag ändern. Teilen Sie alte Zeitungsausschnitte, Zertifikate oder Einweihungsbilder. Dies zeigt Ihren Kunden, dass sie transparent und offen sind.

Facebook-Gruppen anvisieren

Eine Facebook-Seite ist ein sehr guter Platz, um Ihre Kunden kennenzulernen und umgekehrt. Die Kehrseite: Man gerät in Gefahr, als passiv aufzutreten. Warten Sie nicht darauf, dass Ihre Kunden zu Ihnen kommen. Gehen Sie selbst auf diese zu.

Finden Sie Ihre Zielgruppen

Beispiel: Ihr Unternehmen bietet innovative Sprachkurse für Deutsch als Fremdsprache. In der Facebook-Suchleiste tippen Sie Stichwörter wie „Expats in Germany" ein. Klicken Sie auf mehrere Gruppen und lesen Sie die Beschreibung, um etwas über den Zweck der Gruppe herauszufinden. Manche Gruppen erwähnen von vornherein, dass sie keine Werbung von Unternehmen haben wollen, wobei solche Fälle nicht der Mehrheit entsprechen. Klicken Sie auf „Beitreten" zu Ihrer gewünschten Gruppe.

Stellen Sie sich vor

Schreiben Sie eine Nachricht auf der Pinnwand, in der Sprache der Gruppe (meistens Englisch). Beschreiben Sie, wer Sie sind, für was Sie stehen und was für Produkte oder Dienstleistungen Sie anbieten. Ermutigen Sie die Nutzer dazu, mit Fragen zu kommen. Bleiben Sie aktiv und beantworten Sie jede Frage, die Ihnen gestellt wird.

Erstellen Sie nützliche Inhalte

Etablieren Sie sich als Problemlöser innerhalb der Gruppe, ohne aufdringlich aufzutreten. Beispiel: „Haben Sie anhand dieser oder jener Mittel versucht, Deutsch zu lernen und es klappt einfach nicht? Wir haben eine bessere Methode gefunden. Diese ist..." Behalten Sie einen realistischen, sachkundigen und angenehmen Ton. Kommt Ihnen im Moment kein Problem in den Sinn, so erfinden Sie auch keins.

Nachrichten zeitnah verwalten

Halten Sie immer ein Auge auf Ihren Posteingang. Interessenten versuchen meistens, über eine persönliche Nachricht mehr über Sie und Ihr Unternehmen zu erfahren. Liefern Sie immer klare und detaillierte Informationen. Je schneller Sie auf Nachrichten eingehen, desto besser treten Sie auf.

Wie man effektiv veröffentlicht

Facebook kann ein sehr wirkungsvolles Mittel zur Steigerung Ihrer Verkaufsmenge sein. Gleichzeitig kann eine schlecht verwaltete Facebook-Seite Ihren Ruf als Unternehmen negativ beeinflussen. Eine vernachlässigte Facebook-Seite schickt potenzielle Kunden direkt in die Arme Ihrer Wettbewerber. Viele Marken und Unternehmen erstellen eine Facebook-Seite, ohne genau zu wissen, wie sie mit dem Schreiben anfangen sollen. Mottos wie „Sei du selbst", „sei offen und spontan" sind keine Strategien, mit denen Sie ernsthaft an mehr Gewinn kommen. Werfen wir also einen Blick auf Strategien, die Sie mit Sicherheit zum Erfolg bringen werden.

Probleme lösen statt Probleme erfinden

Viele frische Unternehmer und Selbstständige begehen einige Fehler beim Verfassen von Inhalten. Dabei greifen sie zu einigen Social-Media-Floskeln, die mittlerweile als abgenutzt gelten. Diese sind beispielsweise: „10 Dinge, die man Ihnen über Mutterschaft nicht verrät", „20 Gründe, warum Sie das schönste Land Europas bereisen sollten". Zudem kommen die ichbezogenen Beiträge, wie beispielsweise: „Hallo Leute! Ich bin so begeistert von meinem neuen Rezept mit Heidelbeeren. Probiert es gleich aus und teilt mir eure Meinung mit!"

Diese ansprechenden Titel haben das Ziel, Kunden anzulocken. Zwar können solche Titel anfangs viele Kunden anziehen, doch diese garantieren keine langfristige Kundenbindung. Im Gegenteil, es besteht sogar die Möglichkeit, dass Ihre Kunden clever genug sind, zwischen den Zeilen zu lesen und sich hinters Licht geführt zu fühlen.

Eine bessere Strategie wäre, dem Kunden Lösungen für potenzielle Probleme anzubieten. „Wie man Rosmarin richtig pflegt", „Wie man Alltagsstress effizient überwältigt" oder „Die wahren Gründe, warum

Ihre Stromrechnung so hoch ist" sind praktische Ratgeber, die Ihre Legitimität als Marke bestätigt und Sie vor Ihren Kunden vertrauenswürdig auftreten lässt. Aufgrund dieser Strategie können Sie eine bessere Kundenbeziehung aufbauen, indem Sie diese ermutigen, weitere Probleme aufzulisten, für welche Ihr Unternehmen mit Lösungen kommen kann. So hat Ihre Abteilung für Kundenservice immer etwas zu tun.

Diese Strategie ist umso leichter umzusetzen, wenn Sie ein klares Bild von Ihrer Zielgruppe haben. Versuchen Sie, sich in der Lage Ihrer Kunden hineinzuversetzen und nachzudenken, was Sie immer mal wissen wollten, was Ihnen an einigen Stellen fehlt oder wie Sie bestimmte Aspekte optimieren und erleichtern können.

Statt über Dinge zu sprechen, die für niemanden ein besonderes Thema darstellen, lieber an die Umsetzbarkeit der angebotenen Information arbeiten.

Hashtags nutzen

Hashtags – mit dem Symbol „#" gekennzeichnet, ermöglicht in Netzwerken wie Facebook und Instagram ein einfaches Auffinden bestimmter Themen. Mit Hashtags werden Themen leicht auffindbar und das kann sich positiv auf Ihren Traffic auswirken. Es hilft auch, das Thema in einigen Worten einzurahmen. Hashtags kann man auf Facebook und Instagram einsetzen.

Wörter die vor einem „#" geschrieben sind, generieren einen automatischen Link. Beispiel: „#vegetarisch" – Sie finden eine Ansammlung von Inhalten zum Thema.

„Gefällt mir"-Klicks verstehen

Nun haben Sie Ihre Seite gestartet und bekommen viele „Gefällt mir"-Klicks. Menschen, die auf Ihrer Seite auf den „Gefällt mir"-Knopf drücken, sind potenzielle Kunden. Das garantiert aber nicht, dass sie Ihr Produkt kaufen werden. Vielmehr sind diese Menschen auf Ihre Anwesenheit aufmerksam geworden und wollen Ihren zukünftigen Beiträgen folgen. So sind „Gefällt mir"-Klicks eher als Token vonseiten der Interessenten zu verstehen.

Für Facebook-Nutzer hat der „Gefällt mir"-Knopf einen Mehrwert mit vielen Aspekten. Wem Ihre Seite gefällt, der kann eines oder mehrere der folgenden Gründe im Sinne haben:

1. Regelmäßige Benachrichtigungen zu Ihrem Produkt bekommen.

2. Auf der Lauer nach Aktionspreisen seibn. Statistisch gesehen wollen Nutzer, die eine Marke folgen, den nächsten Aktionszeitraum nicht verpassen. Sie sind an Ihrem Produkt interessiert, warten aber geduldig auf Schnäppchen. Diese können in Form von Rabattcoupons, Rabattcodes beim Onlinekauf oder dergleichen sein.

3. Eine Frage stellen oder Feedback abgeben. Viele drücken auf den „Gefällt mir"-Knopf, um einen Kommentar über ein bereits gekauftes Produkt abzugeben oder eine Frage zu stellen.

4. Kundenbetreuung aufsuchen. Nichts ist einfacher, als auf der Seite einer Marke nach Rat zu suchen. Ob es sich um Information über Umtauschvoraussetzungen oder Geld-zurück-Garantie

handelt, ein Kunde bevorzugt den ganz einfachen Zugang von zu Hause aus, statt ins Ladengeschäft zu fahren.

5. Loyalität zeigen. Abgesehen von möglichen Rabatten und Neuigkeiten wollen Kunden ihre Bindung zum Produkt ausdrücken, oder dass sie hinter dem Thema des Produktes stehen.

6. Der Empfehlung anderer Freunde folgen. Wenn Menschen ein gutes Gefühl von einer Marke haben und auf den „Gefällt mir"-Knopf drücken, hinterlassen sie einen positiven Kommentar, sodass Freunde und Familie auf Facebook es auch sehen. Nach dieser Empfehlung wird ihr Interesse geweckt. Da sie die Person kennen und ihrer Entscheidung für die bestimmte Marke vertrauen, ist die Wahrscheinlichkeit groß, dadurch mehr Kunden zu gewinnen.

7. Kontakt zu Gleichgesinnten schaffen. Besonders bei kleinen und mittelgroßen Unternehmen oder besonderen Branchen sind die Interessenten relativ klein, und bedient einen speziellen Kundenbedarf. Diese Kunden wollen oft erfahren, mit welchen Menschen sie etwas gemeinsam haben.

Sehr wichtig: Messen Sie den Erfolg Ihrer Marketingstrategien nicht anhand von „Gefällt mir"-Klicks. Sie können zwar „Gefällt mir"-Klicks zählen, doch sie bieten keine messbaren Angaben, ob Ihre Strategie funktioniert, oder nicht. „Gefällt mir"-Klicks sind eher eine vorübergehende Geste. Einmal gesehen, schon wieder vergessen.

Fragen Sie sich nochmals: Was ist meine Zielsetzung? Wenn Sie beispielsweise mehr Kunden zum Abonnieren Ihres Newsletters ermutigen wollen, werden Sie Strategie X oder Y anwenden. Nach einer bestimmten Zeit können Sie beobachten, wie viele Kunden das Abo bestellt haben und dementsprechend wie gut Ihre Strategie implementiert wurde.

Werbeanzeigen und Hervorhebungen verwenden

Zahlen oder nicht zahlen – das ist die Frage. Facebook ändert ständig den Algorithmus, in dem Inhalte auf die Pinnwand von Nutzern angezeigt wird. So wird vermieden, dass Marken die gesamte Plattform mit Werbungen und Beiträgen überlaufen und die Nutzer belästigen. Mit den ständigen Veränderungen im Algorithmus besteht die Wahrscheinlichkeit, dass immer weniger Nutzer Ihre Seite sehen können. Wenn Sie also nach einiger Zeit merken, dass Sie sehr wenige organische „Gefällt mir"-Klicks und Kommentare bekommen, könnte Ihnen Werbungen vielleicht weiterhelfen.

Die gute Nachricht: Es ist günstig, auf Facebook zu werben. Preise fangen ab 5$ an. Je mehr Sie zahlen, desto mehr Leute werden Ihre Seite sehen. Wenn Sie sich über die Summe nicht sicher sind, fangen Sie zunächst einmal ganz klein an. Überprüfen Sie danach die Ergebnisse und passen Sie zukünftige Taktiken dementsprechend an.

Wozu sind Werbeanzeigen gut?

Mehr Engagement für Ihre Marke fördern: Wenn Sie viele Fans haben, jedoch niemand miteinander kommuniziert oder wenn sie wenige „Gefällt mir"-Klicks erhalten haben, sieht Ihre Seite einsam und verlassen aus. Ein beworbener Beitrag kann Ihre Seite etwas mehr beseelen.

Mehr Traffic: Je mehr Nutzer Ihre Seite besichtigen, desto höher die Wahrscheinlichkeit, das Verkaufsvolumen und die Markenbekanntheit zu steigern.

Mehr Leute nehmen an Events teil: Facebook-Werbeanzeigen können Ihnen helfen, mehr Menschen über Ihre Veranstaltungen aufmerksam zu machen. Hier können Sie weitere Kampagnen, Coupons und attraktive Taktiken verwenden.

Facebook-Werbeanzeigenmanager nutzen

Facebook bietet einen übergreifenden Service für die Bewerbung Ihrer Seite. Mit dem Werbeanzeigenmanager haben Sie alles auf einem Blick und werden quasi zum Social-Media-Marketing-Experten. Gehen Sie auf www.facebook.com/ads/manage/accounts und drücken Sie oben links auf „Facebook-Werbeanzeigenmanager". Dort haben Sie eine Übersicht aller Bereiche rundum Ihre Seite.

1. Wählen Sie ein Marketingziel für Ihre Kampagne. Zum Beispiel können Sie Ihre Markenbekanntheit und Reichweite steigern, mehr Erwägung für Ihre Seite hervorrufen oder gezielte Handlungen zur Steigerung Ihres Verkaufsvolumens vornehmen.

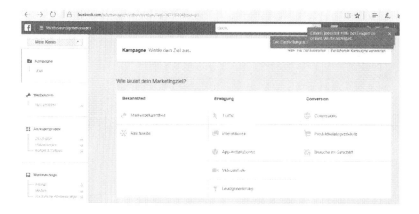

Abb. 2: Erkunden Sie die vielseitigen Funktionen des Werbeanzeigenmanagers.

2. Tragen Sie alle Angaben zu Ihrer Kampagne ein.
3. Wählen Sie die Option unten zur Überprüfung Ihrer Bestellung.
4. Wenn alles so weit stimmt, klicken Sie auf „Bestellen".

Nachdem Sie Ihre Werbeanzeige gestartet haben, überprüfen Sie regelmäßig die Statistiken zu Ihrer Kampagne. Sie können beispielsweise beobachten, wie weit Ihre Beiträge mithilfe der Werbungen gekommen sind und ob sich das Bezahlen gelohnt hat.

Zielgruppe anvisieren

Eine der besten Eigenschaften von Facebook ist, dass man auf die gewünschte Zielgruppe direkt zugehen kann.

Nachdem Sie einen Beitrag erstellt haben, klicken Sie auf „Beitrag hervorheben". Wählen Sie die Zielgruppe aus:

Rechts von „Über Zielgruppeneinstellungen ausgewählte Personen", klicken Sie auf „Bearbeiten".

Wählen Sie das Geschlecht aus (wenn erwünscht).

Wählen Sie das Alter aus.

Wählen Sie Standorte aus und fügen Sie je nach Bedarf neue Standorte hinzu.

Wählen Sie die Interessenbereiche der Zielgruppe aus.

Achten Sie zum Schluss auf die automatisierten Angaben. Sie können überlegen, die Zielgruppe etwas einzuschränken oder zu vergrößern. Bedenken Sie dabei, dass nicht alle Nutzer innerhalb einer zu großen Zielgruppe (in gelb markiert) an Ihrem Produkt interessiert sein werden.

Wählen Sie die Dauer aus, in der Ihr Beitrag laufen soll.

Wählen Sie das Budget aus, das Sie ausgeben wollen.

Wählen Sie eine Zahlungsmethode aus.

Drücken Sie auf „Hervorheben".

Ihre Werbung wird nicht gleich starten. Facebook wird es zunächst einmal überprüfen, um zu bestimmen, ob Ihre Inhalte den Richtlinien entsprechen. In den meisten Fällen dauert es nur einige Stunden, bis Ihre Werbung läuft.

Wenn Sie eine Veröffentlichung ‚hervorheben', wird diese mehr Leute erreichen, als üblicherweise. Die Anzahl der Leute laut Algorithmus ist dann verzehnfacht. Wenn Ihr Beitrag normalerweise 300 Nutzer erreicht, wird es mit einer Hervorhebung 3000 Nutzer erreichen.

Sie können Einladungen für Ihre Veranstaltungen erstellen und Sie mit Freunden teilen. Eine Veranstaltung hervorzuheben stellt sicher, dass die Nachricht mehr Menschen erreicht, als üblich.

Instagram

Was Sie in diesem Kapitel lernen:

- Instagram als Unternehmen nutzen
- Kreative und trendige Bilder hochladen
- Hashtags einsetzen

Instagram ist mit mehreren zehn Millionen Nutzern eines der größten Social-Media-Plattformen. Bei Instagram geht es um Fotos, Videos und kurze Geschichten in visueller Form. Nutzer können durch Kommentare und „Gefällt mir"-Klicks miteinander kommunizieren. Weniger als 30 Prozent der Marketing-Experten nutzen Instagram, was eine gute Neuigkeit für Sie ist. Entdecken Sie, was Instagram kann, wie man Produkte hervorhebt und ob es etwas für Ihr Unternehmen wäre.

Was Instagram kann

Auf Instagram kann man Bilder mit einem künstlerischen Flair hochladen. Das vermittelt den Eindruck, dass Sie im Einklang mit dem Geschmack Ihrer Kunden sind und sich den neuesten Trends anpassen können. Ein starres Scheuklappendenken ist heutzutage nicht angesagt.

Gleichzeitig können Sie den Eindruck geben, dass das Produkt an sich kreativ, inspirierend und interessant ist. Ein Unternehmen, welches ständig Bilder mit Sonnenuntergängen oder besinnlichen Zitaten veröffentlicht, kommt viel besser an, als Unternehmen, die nichts als Aufforderungen zum Kauf zu bieten haben.

Teure Kamera, ade! Sie brauchen keine professionelle Kamera, um atemberaubende Bilder zu schießen. Instagram verfügt über eine Technologie, die das Bearbeiten von Handybildern anhand von Filtern sehr einfach macht.

Auf Instagram gibt es keine „Klick-hier" oder „Jetzt-kaufen"-Knöpfe. So fühlen Sich Kunden nicht überredet, etwas zu kaufen.

Instagram für Unternehmen

Zunächst einmal ist es wichtig zu erwähnen, dass Instagram für direkte Verkäufe nicht geeignet ist, da Sie keine Links anheften oder „Jetzt kaufen"-Knöpfe einstellen können. Grundsätzlich ist das von Vorteil, weil Kunden ohnehin mit lästiger Werbung übersättigt sind. Stattdessen hilft Instagram, Ihre Markenbekanntheit, Berühmtheit, Kundenloyalität und Sichtbarkeit zu steigern. Diese sollten mit bestimmten Parametern wie Engagement oder Wachstum bewertet werden.

Instagram ist praktisch das Fotoalbum des 21. Jahrhunderts. Hier kann man alle Bilder zeigen, über die man stolz ist und welche die Persönlichkeit reflektieren. Mit Instagram sollten Sie Ihr Unternehmen als eine Person in Fleisch und Blut betrachten.

Märkte für Instagram

Da die meisten Inhalte aus Bildern bestehen, ist Instagram für Märkte mit ästhetischem Charakter besonders gut geeignet.

<u>Kunst- und Handwerk:</u> Sie können Ihre einzigartigen Produkte auf Instagram problemlos präsentieren und müssen nicht bis zur nächsten

Kunstmesse warten, um mit Kunden in Kontakt zu kommen.

Mode, Kleidung und Schmuck: Ob Sie eine etablierte Marke sind oder ob Sie ganz frisch angefangen haben, Instagram eignet sich sehr gut für das Präsentieren Ihrer Produkte.

Dekoration: Ihre kleine Boutique mit handgefertigten Dekorationsstücken hätte etwas Pepp nötig? Laden Sie regelmäßig neue Bilder von Ihren Produkten hoch und zeigen Sie Ihren Followern, was für kreative Artikel sie verpassen.

Kochkunst und Konditorei: Kleine sowie große Restaurants und Konditoreien nutzen Instagram, um mit ihren leckersten Gerichten zu prahlen.

Blumengeschäft: Halten Sie Ihre Kunden mit saisonalen Blumen und Pflanzen auf dem Laufenden und zeigen Sie Bilder von Ihren schönsten Hochzeitssträußen.

Dienstleistungen sind erstaunlicherweise auch ‚fotografierbar'.

Autoservice: Zeigen Sie, wie gut Ihre Werkstatt Autos reparieren, Windscheiben austauschen oder glänzende Polituren fertigstellen kann.

Technologie und Software: Schießen Sie Bilder aus Ihrem Berufsalltag (z. B. Ihr Team sitzt in einem Meeting, nachdenklich/ein Teammitglied blickt aus dem Fenster lächelnd zum Horizont/ein Bild von Ihrem Arbeitstisch mit einem kurzen, humorvollen Zitat).

Freiberufliche Dienstleistungen: Egal ob Sie ein freiberuflicher Klempner, Kammerjäger, Schneider, Schuster oder Gärtner sind, Sie können regelmäßig Bilder zu Ihren Dienstleistungen hochladen. Nachdem Sie einen Auftrag erfüllt haben, bitten Sie den Kunden um Erlaubnis, auf dem Foto aufzutauchen. Die Wahrscheinlichkeit ist sehr hoch, dass diese Kunden Ihnen in Zukunft auf Instagram folgen werden.

Instagram wie ein Profi nutzen

- Überlegen Sie, wie Ihr Produkt mit Instagram aus seinem besten Blickwinkel präsentiert werden kann.

- Seien Sie kreativ beim Präsentieren des Lebensstils, welches mit Ihrem Produkt einhergeht.

- Suchen Sie Hashtags, die für Ihren Markt relevant sind. Zum Beispiel als Konditor, geben Sie #zauberkuchen, #tortentraum oder ähnliches ein. Spionieren Sie Ihre Wettbewerber aus. Überlegen Sie, was Sie besser machen könnten, wie Sie Torten besser gestalten und fotografieren würden und was Sie Kunden besser anbieten könnten.

- Geben Sie auf Facebook und allen Ihren Plattformen die Nachricht heraus, dass Sie nun auch auf Instagram zu finden sind. Erwähnen Sie, dass es exklusive Einblicke in Ihrem Unternehmensalltag nur auf Instagram gibt.

- Fühlen Sie sich nicht gezwungen, alle Eigenschaften, Sticker und Filter von Instagram zu nutzen. Wenden Sie nur die an, die Ihr Geschäft am besten repräsentieren und die Ihre Community sehen will.

- Erinnern Sie Ihre Follower regelmäßig daran, warum Ihre Marke gut ist und warum man mehr über Ihre Marke wissen sollte.

Inhalte erstellen

Produkte zu fotografieren ist eine sehr gute Idee, kann jedoch nach einiger Zeit relativ monoton werden und Ihre Abonnenten verlieren das Interesse. Mit Instagram können Sie nicht nur das Produkt an sich präsentieren, sondern auch den ganzen Lebensstil, mit dem Ihr Produkt in Verbindung steht.

Beispiel: Sie betreiben eine kleine Bar, die auf Craft-Bier spezialisiert ist. Zusätzlich zu Bildern mit Ihren besten Bieren können Sie ein Foto von Freunden machen, die an einem Tisch sitzen und ihre Getränke genießen. Gehen Sie auch im Einklang mit den Jahreszeiten: Schießen Sie im Sommer Bilder von jungen Leuten, die am Ufer des Sees sitzen, jeder mit einem Bier in der Hand. Im Winter, ein Foto von zwei Bierflaschen auf einem Tisch, im Hintergrund steht ein beschmückter Tannenbaum, bunte Lichter werfen ihre Farben auf die Bierflaschen. Bei Instagram geht es um ein bestimmtes Gefühl, dass Sie in einem Bild vermitteln möchten.

Eine ganz andere Herangehensweise auf Instagram ist, Ihr persönliches Leben durch Bilder zu teilen. Diese Methode ist nur dann zu empfehlen, wenn die Marke, die Sie bewerben, Sie selbst sind. Als Coach für Beziehungen, Self-Help oder persönlicher Fitness-Trainer, als Chefkoch-Celebrity, als werdender Stand-up-Comedian, Sänger oder Künstler, mit Instagram können Sie Ihren persönlichen Lebensstil präsentieren. So bieten Sie Ihren Followern die Möglichkeit, Einblicke in Ihr Leben zu bekommen und Sie näher kennenzulernen, was natürlich zu einer langfristigen Kundenbindung führt.

Teamarbeit ist alles

Menschen lieben es, hinter den Kulissen Ihres Unternehmens blicken zu dürfen. Zeigen Sie Fotos von Ihrem Team beim Mittagessen, beim Kaffeetrinken oder beim Smalltalk außerhalb des Büros.

Inmitten des Geschehens

Zeigen Sie Einblicke in die Produktion Ihrer Ware. Wer möchte wohl nicht wissen, wie eine leckere Schokoladenglasur gemacht wird oder wie man den perfekten Nagellack kauft.

Ideen, wie man Dinge benutzt

Wenn Ihre Follower Probleme mit dem Nutzen Ihres Produktes haben, zeigen Sie den Vorgang Schritt für Schritt. Beweisen Sie, dass Sie immer gute Lösungen parat haben.

Safari-Sichtungen

Sind Sie zufällig auf Passanten gestoßen, die Ihr Produkt in der Hand halten? Fragen Sie, ob Sie netterweise ein Bild machen und es auf Instagram hochladen dürfen.

Registrieren und loslegen

Die Registrierung erfolgt nur über ein mobiles Gerät. Nehmen Sie also Ihr Handy und legen Sie los!

1. Instagram aus dem Store herunterladen.

2. Mit Facebook-Konto oder E-Mail-Adresse registrieren.
3. Profilbild hochladen, Name eintippen und Passwort erstellen.
4. Mit Facebook verbinden und Freunde hinzufügen (optional).
5. Nach E-Mail-Kontakten suchen (auch optional).
6. Bestätigen und fertig!

Bilder teilen

Sie können Ihre Bilder anhand der folgenden Schritte hochladen:

In der App, drücken Sie oben rechts auf das „+"-Zeichen, selektieren Sie ein Bild aus Ihrem Handyspeicher oder nehmen Sie ein Foto auf mittels der App. Mit Wischbewegungen nach links oder rechts können Sie auch einen Filter einsetzen.

Drücken Sie auf „Weiter". Schreiben Sie einen kurzen Text oder setzen Sie einen Hashtag ein.

Je nachdem, markieren Sie eine oder mehrere Personen.

Geben Sie eine Ortsangabe an oder teilen Sie das Bild mit anderen sozialen Netzwerken wie beispielsweise Facebook.

Drücken Sie oben rechts auf „Teilen".

Sie können Ihr Bild mit anderen Plattformen vernetzen. Versuchen Sie, diese Methode nur gezielt zu nutzen, da Ihre Follower sonst das Interesse verlieren, Sie auf allen Plattformen separat zu verfolgen. Wenn Sie jedoch ein Bild von Instagram mit Facebook teilen, geben Sie einen Text ein wie: „Folgt uns auf Instagram für mehr Bilder und praktische Tipps".

Hashtags nutzen

Mit Hashtags macht sich ein Foto ‚suchbar'. Wenn Sie ein Foto mit einem Kuchen hochladen und ein Hashtag wie #schokozauber oder #genießermomente verwenden, können Nutzer unter diesen Kategorien zu Ihrem Bild zurückfinden. Vermeiden Sie Schirmbegriffe mit zu generellen Bedeutungen wie #kuchen oder #lecker. Die Wahrscheinlichkeit ist sehr hoch, dass diese Tags schon überfüllt mit anderen Bildern sind und Ihr Bild sich schließlich in den Massen von Fotos untergeht. Nutzen Sie spezifische Tags, welche die Persönlichkeit Ihres Unternehmens reflektieren und dem Bild mehr Charakter verleihen. Nicht vergessen: Nutzen Sie mehrere Hashtags für ein Foto, um die Sichtbarkeit zu steigern.

Fans finden

Machen Sie sich auf der Suche nach Freunden oder berühmten Personen, denen Sie folgen möchten. Drücken Sie auf die Lupe unten. In der Suchleiste, geben Sie einen Namen ein. Sie können ebenfalls nach Hashtags suchen und sich umschauen. Nehmen Sie sich etwas Zeit, sich mit der App vertraut zu machen, navigieren Sie von Profil zu Profil und finden Sie Leute und Profile im Bereich Ihrer Zielgruppe. Es ist eher wahrscheinlich, dass diese Leute Sie auch verfolgen werden und sich für Ihr Produkt interessieren. Online-Communitys bestehen aus gleichgesinnten Mitgliedern, es ist also eine Zeitverschwendung, Leute zu verfolgen, mit denen Sie als Mensch und als Unternehmen wenig gemeinsam haben.

Geschichten entwerfen

Mit Instagram können sie aus Bildern und kurzen Videos kleine Geschichten basteln. Sie können sehr kurze Videos und Bilder in eine Reihenfolge stellen, um eine kleine Storyline aufzuzeigen. Der Vorteil ist, dass Sie mehrere Inhalte zu einer Sequenz bündeln können und somit die Pinnwand Ihrer Follower nicht überfluten. Sie tippen einmal auf Ihr Profil und können sich mehrere Inhalte gleichzeitig ansehen. Das ist weniger invasiv und gibt Nutzern die Freiheit zu entscheiden, wie viel sie von Ihnen sehen wollen. Drücken Sie den „Meine Geschichte"-Knopf und nehmen Sie ein Video auf, indem Sie den Auslöser gedrückt halten. Sie können maximal zehn Sekunden aufnehmen. Geben Sie Ihrem Video mehr Ausstrahlung mit Stickers, Smileys, Zeichnungen oder Texten. Nutzen Sie nicht mehr als zwei dieser Werkzeuge, sonst geht die Hauptidee des Videos verloren. Fügen Sie Schnappschüsse zu Ihrer Geschichte hinzu und drücken Sie auf den Pfeil, um Sie zu teilen.

Snapchat entdecken

Was Sie in diesem Kapitel lernen:

- Snapchat-Konto erstellen
- Snapchat für Ihre Marke nutzen
- Interessante Inhalte erstellen

Snapchat ist ein mobiles Netzwerk, wo Bilder und kurze Videos geschossen werden können. Diese werden nach 24 Stunden permanent gelöscht. Bilder und Videos können mit Texten, Emojis und Filtern versehen werden. Wenn Ihre Kunden jünger als 30 Jahre alt sind, ist die Wahrscheinlichkeit sehr hoch, dass sie Snapchat verwenden.

Snapchat ist ein sehr visuelles Werkzeug, wo Texte sehr kurz gehalten werden. Man unterhält sich mittels Schnappschüssen oder kurzen Nachrichten. Ähnlich wie bei Instagram bestehen Beiträge aus ‚Geschichten', doch im Unterschied zu Instagram werden hier Ihre Aufnahmen nicht gespeichert. Die Schnappschüsse sind auf Echtzeit, da man auf Snapchat keine Bilder aus dem Handyspeicher hochladen kann.

Warum Snapchat?

<u>Man kann hautnahe Einblicke teilen.</u> Ein Bild sagt mehr als tausend Worte, doch ein Video zeigt sogar mehr. Stellen Sie sich vor, Sie waren gerade in einem Restaurant. Sie können jemandem Ihre Erfahrung mündlich darstellen: Wie die Atmosphäre war, was für Dekoration es

gab, wie das Essen aussah. All das kann man mit Snapchat anhand von wenigen Videosekunden mitteilen.

<u>Kein Feinschliff nötig.</u> Videos und Bilder werden quasi in ihrer rohen Form dargestellt. Das macht es sehr einfach, Dinge, Ideen und Erfahrungen mit anderen Nutzern zu teilen und man vermittelt ein authentisches Gefühl.

<u>Mit Snapchat können Sie Inhalte teilen, die Sie woanders so nicht teilen würden.</u> Instagram ist ein sehr gutes Mittel, um Ihr Produkt aus einem natürlichen Winkel zu präsentieren. Facebook ist eine soziale Plattform, wo Ihre Kunden die Schokoladenseite sehen möchte. Deshalb müssen Sie immer perfekt auftreten, sonst machen Sie sich in aller Öffentlichkeit verletzbar. Mit Snapchat hingegen können Sie dem strengen Rahmen entkommen und sich von Ihrer spontanen, verspielen Seite zeigen.

<u>Snapchat bringt Sie einen Schritt näher.</u> Sie geben den Nutzern den Eindruck, als würden sie Ihr Unternehmen hautnah und persönlich erleben.

Was wollen Nutzer sehen?

Die goldene Regel gilt natürlich auch bei Snapchat: Überlegen Sie, was Sie Ihren Kunden über Snapchat bieten können. Warum sollten sie Ihre Geschichten folgen? Was haben sie davon?

Nutzer/Kunden folgen Ihnen auf Snapchat aus diversen Gründen.

<u>Sie wollen hinter die Kulissen blicken.</u> Menschen sind neugierige Wesen und wollen wissen, wie Sachen gemacht werden und was so alles

geschieht an den Plätzen, wo man sonst keinen Einblick hat. Einblicke in die Produktion Ihrer Artikel zu geben funktioniert beispielsweise sehr gut, da es Ihre Transparenz als Unternehmen nochmals bestärkt.

<u>Sie wollen etwas lernen.</u> Je nachdem, in welcher Industrie Sie arbeiten, können Sie Tipps und Tricks abgeben. Ähnlich wie bei Facebook sollten Sie immer überlegen, welche Informationen Ihren Kunden nützen könnten, sodass Sie sich als Problemlöser positionieren können. Anstatt lange Zeit mit der Aufnahme neuer Infos zu investieren, können Kunden durch Snapchat innerhalb von Sekunden interessante Dinge von Ihnen lernen.

<u>Sie wollen ein Unternehmen näher kennenlernen.</u> Jenseits der streng aufgebauten Fassaden einer Marke haben Kunden heutzutage den Bedarf, das Menschliche an einem Unternehmen zu sehen.

Vorweg einige Fragen...

Gehen Sie nicht auf Snapchat, nur weil andere es auch tun. Stattdessen, fragen Sie sich zuerst, wie Snapchat helfen kann, Ihre Zielsetzungen zu verwirklichen. Stellen Sie sich folgende Fragen:

- Was kann ich Kunden mittels Snapchat anbieten?
- Wie kann ich mein Produkt auf Snapchat präsentieren?
- Wie kann ich die Persönlichkeit meines Unternehmens auf Snapchat einfließen lassen?
- Nutzen meine Kunden Snapchat überhaupt?
- Was kann ich besser machen als meine Wettbewerber und wie kann ich das auf Snapchat zeigen?

Registrieren und loslegen

1. Geben Sie eine E-Mail-Adresse an.
2. Erstellen Sie ein Passwort.
3. Geben Sie Ihr Geburtsdatum an.
4. Drücken Sie auf „Registrieren".
5. Geben Sie einen Benutzernamen an (am besten den Namen Ihres Unternehmens oder Ihrer Marke).
6. Handy-Nummer bestätigen – geben Sie Ihre Handynummer ein und folgen Sie den Angaben in der App.
7. Bestätigen Sie Ihre E-Mail-Adresse (öffnen Sie Ihre E-Mail-App oder im Browser).
8. Fertig!

Ihre allererste Geschichte

Sie sind nun im Kameramodus. Halten Sie den Auslöseknopf gedrückt, um ein Video aufzunehmen. Der rote Kreis zeigt an, wie viel Zeit Sie noch zur Verfügung haben.

Danach können Sie einen Text eingeben (Beispiel: „Hallo zusammen! Das ist mein erstes Snapchat-Video!" Sie können auch ein Smiley hinzufügen, dann rotieren, verkleinern, vergrößern oder hin und her wischen. Mit dem Stift-Knopf oben rechts können Sie auf das Video zeichnen und Farben auswählen, sowie auch alles rückgängig machen.

Sobald Sie fertig sind, gehen Sie weiter auf „Meine Geschichte". Nun ist Ihr Video für alle sichtbar.

Versuchen Sie nicht, perfektionistisch zu sein. Snapchat ist dazu da, verspielte und spontane Videonachrichten zu versenden. Wenn Sie versuchen, ein perfektes Endprodukt zu schaffen, so ist Snapchat nicht dazu geschaffen und macht im Prinzip kein Spaß.

Snapchat Übersicht

Snapcode – anhand vom Snapcode können Menschen Sie zu ihrer Liste hinzufügen. Unter Ihrem Snapcode steht:

- Ihr Name
- „Hat mich geaddet" – wer Sie bereits hinzugefügt hat
- Freunde hinzufügen – hier können Sie entweder über Nutzername suchen, aus dem Adressbuch hinzufügen, über Snapcode finden, Bluetooth oder Sie können Ihren Benutzernamen selbst an andere teilen
- „Meine Freunde" - Ihre Freundesliste

Unter „Meine Freunde" befindet sich ein kleiner Pfeil. Sie können entweder auf den Pfeil drücken oder das Bild nach oben wischen.

Kamera bedienen

Die Hauptfunktion von Snapchat ist die Kamera. Wenn Sie von der Snapcode-Seite aus nach oben oder nach rechts wischen, gelangen sie zur Kamerafunktion.

Oben links können Sie den Blitz ein- und ausschalten.

Wenn Sie in die Mitte drücken (kleines Gespenst) gelangen Sie wieder auf die Startseite. Tipp: Es ist leichter, zu wischen, statt kleine Knöpfchen zu drücken.

Von oben rechts können Sie zwischen der Haupt- und Frontkamera des Smartphones wechseln.

Der große Knopf ist die Kamerabedienung. Drücken Sie kurz auf den Knopf und Sie machen einen Schnappschuss. Halten Sie den Knopf länger gedrückt und Sie nehmen Videos auf.

Abb. 3: Mit der Kamera schießen Sie Schnappschüsse und nehmen kurze Videos auf.

Wenn Sie von der Kamera aus nach rechts wischen, gelangen Sie an die Nachrichtenliste.

Wenn Sie nach links wischen, kommen Sie in den Bereich „Geschichten".

Profilbild erstellen

Zum Erstellen des Profilbildes werden automatisch fünf Bilder nacheinander geschossen und zu einer Videografik zusammengestellt.

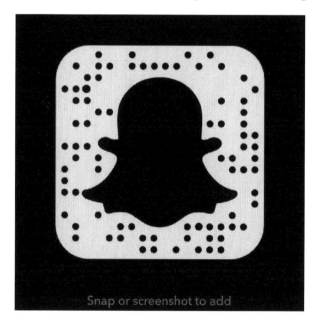

Abb. 4: Ihr Profilbild aus 5 nacheinander folgenden Bildern wird im Gespenst angezeigt.

Einstellungen zur Sichtbarkeit

Gehen Sie zu den Einstellungen und ändern Sie die Optionen in Bezug zur Sichtbarkeit. Ändern Sie von „Meine Freunde" zu „Alle". Somit zeigen Sie, dass Sie offen sind es zulassen, dass Menschen Sie immer sehen können, ohne Sie unbedingt in der Freundesliste hinzugefügt zu haben. Machen Sie sich mit den restlichen Funktionen und Einstellungen vertraut.

Linsen und Geofilter nutzen

Snapchat ermöglicht eine vielseitige Gestaltung Ihres Videos oder Schnappschusses mithilfe von Linsen, Filtern und Geofiltern und geben Ihrer Aufnahmen mehr Persönlichkeit.

Linsen

Linsen sind Spezialeffekte wie ein Hut, Bart oder eine lustige Brille. Im Kameramodus, drücken Sie in die Mitte des Bildschirms (nicht den Auslöser) und wählen Sie von verschiedenen Linsen die aus, die Sie anspricht. Bewegen Sie die Kamera oder machen Sie eine Grimasse, damit die Linse Sie identifizieren kann. Sie können Ihre Aufnahmen entweder löschen (mit „X" oben links), herunterladen und im Handy speichern (Download-Knopf unten links) oder teilen.

Geofilter

Geofilter können Sie hinzufügen, nachdem Sie einen Schnappschuss fertiggestellt haben. Filter können eine bestimmte Atmosphäre vermitteln oder bestehen aus kurzen Texten. Geofilter gibt es nur für kurze Zeit und werden immer wieder neu ersetzt. Probieren Sie deshalb so viele wie möglich aus.

Schalten Sie unter Einstellungen die Filter ein, um den Standort über GPS einzustellen. Snapchat muss Ihren Standort identifizieren, damit Sie Geofilter nutzen können. Beispiel: Sie wohnen in Köln und wollen Geofilter einsetzen. Snapchat stellt Filter mit dem Thema Köln zur Verfügung (Kölner Dom, Kölner Skyline). Nehmen Sie einen Schnappschuss, wischen Sie nach links oder rechts und wählen Sie einen Filter aus. Wenn Sie so weit sind, drücken Sie auf „Teilen".

Auf https://www.snapchat.com/l/de-de/geofilters können Sie Ihre eigene Geofilter kreieren. Machen Sie sich mit dem Geofilter-Creator vertraut und reichen Sie Ihre Kreation an Snapchat ein. Nutzen Sie dafür das Logo Ihrer Marke. Wählen Sie auf der Landkarte einen Standort aus, der etwas mit Ihrem Unternehmen zu tun hat (z. B. Filiale, Büro, Ort der Veranstaltung) Snapchat wird Ihnen nach zwei bis drei Arbeitstagen per E-Mail benachrichtigen, ob der Filter akzeptiert wurde oder nicht.

Geofilter können für Unternehmen besonders hilfreich sein, wenn man Veranstaltungen organisiert. Ihre Gäste können in Snapchat Ihren Geofilter nutzen und sich an Ort und Stelle der Veranstaltung fotografieren.

Geschichten erstellen

Ähnlich wie bei Instagram besteht eine Geschichte aus mehreren Segmenten. Diese bestehen aus Fotos und Videos, die Sie mittels der App aufnehmen können.

Ihre Follower können Ihre Geschichte für 24 Stunden sehen, danach wird sie automatisch gelöscht. Drücken Sie auf „Meine Geschichte" und Sie gelangen zu Ihren bereits aufgenommenen Videos. Drücken Sie auf den dreifachen Punkt und Sie können sehen, wieviele Personen Ihre Geschichte gesehen haben.

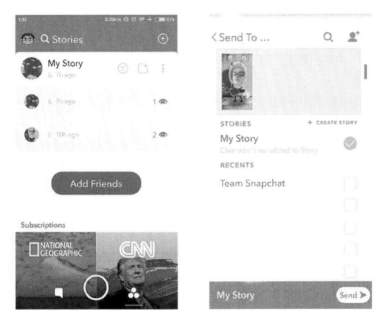

Abb. 5: Das erste Segment der Geschichte wurde von zwei Personen gesichtet und der letzte von einer Person (links). Nach dem Aufnehmen des Videos können Sie auswählen, wer die Geschichte sehen kann (rechts).

Bringen Sie Nutzer dazu, Ihnen zu folgen. Seien Sie dabei keinesfalls aufdringlich und betteln Sie nicht nach Aufmerksamkeit. Bleiben Sie themenbezogen und liefern Sie interessante Infos aus Ihrer Branche, die den Menschen etwas nützen. Denken Sie daran: Mit Snapchat können Sie sich nur mit kurzen Videos und Fotos ausdrücken, kommen

Sie also direkt auf den Punkt.

Beobachten Sie, was für Beiträge andere Marken teilen und welche davon die meisten Reaktionen bekommen.

Social Media Management

Was Sie in diesem Kapitel lernen:

- Ergebnisse geduldig abwarten
- Social Media Marketing integriert nutzen
- Tools zum Organisieren des Marketing-Plans

Sie haben bereits ein klares Bild über Ihre Ziele, haben schon einen Plan mit gut durchdachten Strategien, Konten eröffnet und sind nun bereit, alles zum Laufen zu bringen.

Wer Dinge auf der Stelle gelöst haben will, für den ist Social Media Marketing nicht leicht zu meistern. Hier müssen Sie konsequent bleiben und mit viel Geduld auf Ergebnisse warten. Das bedeutet, sich regelmäßig um Social-Media-Plattformen zu kümmern, stets Inhalte von guter Qualität zu veröffentlichen und mit Kunden im Kontakt zu bleiben. Nutzen Sie das volle Potenzial des Social Media Marketings für mindestens drei bis vier Wochen und treffen Sie erst nachher ein Urteil, ob sich die Arbeit gelohnt hat oder nicht. Was auch immer Ihre Zielsetzung ist, geben Sie nach zehn Facebook-Beiträgen nicht auf! Erwarten Sie keine Millionen-Einkommen aufgrund einiger Bilder und Texte. Wenn Sie sich über positive Ergebnisse freuen wollen, so bereiten Sie sich auf einen Marathonlauf vor.

Den Erfolg von Social Media Marketing wird man nicht immer aufgrund der Anzahl von „Gefällt mir"-Klicks oder Kommentaren quantifizieren. Allerdings ist es in Ordnung, so viele wie möglich zu haben, doch ein „Gefällt mir"-Klick könnte eines Tages mehr Gewinn einbringen, als hundert Kommentare. Streben Sie lieber nach der Entwicklung von Beziehungen mit den Kunden, was aber Zeit, Geduld und Konsequenz verlangt.

Eine kleine Fallstudie

Als Social-Media-Spezialist hatte Stefan schon während seinem Studium etwas Erfahrung und Wissen rundum Internet Marketing gesammelt. Mit dem Diplom in der Hand heißt es nun aber raus aus dem Hörsaal und rein ins wahre Leben. Er begann sofort, an seinem Blog zu arbeiten und wertvolle Inhalte zu schreiben. Gezielt ging er mit diesen auf sozialen Communities, die hoffentlich seine Dienstleistungen in Anspruch nehmen würden.

Nach drei Monaten strategischer Umsetzungen hatte Stefan bislang 198 Abonnenten auf Facebook und Instagram. Er versuchte, mit den meisten seiner Follower zu interagieren, ohne sich zu wiederholen oder mit invasiver Werbung zu paradieren. Er wusste, dass etwas Feingefühl beim Gespräch mit Kunden sehr wichtig ist, weil der Grat zwischen Nettigkeit und Aufdringlichkeit äußerst schmal ist. Deshalb hat er sich stets darauf konzentriert, einfach nur ein netter und zuvorkommender Gesprächspartner zu sein.

Nach weiteren Monaten regelmäßigem Schreiben und schleppendem Wachstum an Followern fing Stefan an, etwas Selbstzweifel zu entwickeln. Er ist sowieso nur ein Neuling und Wettbewerber gibt es ohnehin wie Sand am Meer. Doch eines Tages meldete sich einer seiner

Follower und schrieb ihm eine private Nachricht. Ein berühmter Kaufmann, der eine etablierte Marke besitzt, meinte, er hätte Stefan schon seit einer Weile im Stillen verfolgt. Er wollte ein Teil seines Geschäfts outsourcen und Social Media für seine Marke starten. Deshalb wollte er wissen, ob Stefan ein Teil dieser Arbeit übernehmen könnte.

Hätte Stefan seine Bilanz zur Effizienz seines Social Media Marketings ein Tag davor ausgerechnet, hätten seine Prognosen sehr schlecht ausgesehen. Doch nun erlebt er einen Durchbruch und hat genügend Arbeit auf den Schultern, um ihn eine Weile beschäftigt zu halten.

Stefan hat eine wichtige Lektion gelernt: Am Ball bleiben ist alles. Natürlich ist diese Erfolgsgeschichte nicht für alle Menschen anwendbar, doch eines ist sicher: Man hat mehr Chancen zu gewinnen, wenn man geduldig und konsequent bleibt, statt mit aggressiven Werbungen die Kunden wegzujagen und Ergebnisse auf der Stelle zu erwarten.

Social Media Marketing regelmäßig zu managen ist eine der wichtigsten Langzeitstrategien für garantierte Gewinne in der Zukunft. Die Resultate zeigen sich nicht von heute auf morgen und es verlangt Geduld und Engagement. Doch nicht vergessen: Obwohl Sie sich anscheinend langsam bewegen, Sie laufen immer mit!

Cyber Management

Zeit ist wertvoll. Doch Zeit kann auf sozialen Netzwerken sehr leicht vergeudet werden, da es von Artikeln, Inhalten, und Bildern nur wimmelt. Wie kann man am Besten über Wasser bleiben?

Integriertes Social Media Marketing

Integration bedeutet, alle Marketing-Aktivitäten strategisch miteinander zu kombinieren. Mit integriertem Marketing arbeiten alle Bereiche mit- und füreinander, sodass Sie Ihre Kunden garantiert erreichen können.

Beispiel: Ihre Marke wird bereits in der lokalen Zeitung regelmäßig beworben. Doch nun wollen Sie auf Social Media Marketing umstellen. Schließlich kostet es nichts. Die Wahrheit ist aber, dass Social Media Marketing Zeit kostet, die Sie oder Ihre Mitarbeiter in andere Aktivitäten investieren könnten. Zudem zahlt man sogar auf Facebook und Instagram etwas Geld, um neue Kunden zu erreichen.

Sollen Sie die Zeitungswerbung sein lassen und gänzlich auf Social Media setzen? Nein! Besser: Verbinden Sie Ihre Plattformen miteinander und machen Sie sich damit leicht auffindbar. Werben Sie schon in der Zeitung? In der nächsten Ausgabe, fügen Sie den Text „Ab jetzt sind wir auch auf Instagram" und schreiben Sie einen Hashtag dazu. Fügen Sie auf Instagram Ihre weiterführenden Links zu Ihrer Facebook-Seite. Egal, welche Integrationsmethode Sie auch benutzen, stellen Sie sich immer folgende Fragen:

- Was ist mein Ziel?
- Welche Plattformen nutzen meine Kunden?
- Auf welcher Plattform wollen Kunden von mir hören?

Versuchen Sie, auf jeder Plattform einzigartige Inhalte zu veröffentlichen. Teilen Sie nicht die selben Bilder auf Facebook, die Sie bereits auf Instagram haben. Wenn sich Inhalte ständig wiederholen, werden Kunden Ihnen nur auf eine Plattform folgen. Bieten Sie stattdessen einmalige Infos auf jeder Plattform, sodass Ihre Kunden nichts verpassen wollen. Sie müssen dafür nicht jedesmal ein neues Thema ansprechen, sondern dasselbe Thema aus verschiedenen Perspektiven.

Beispiel: Fitness. Veröffentlichen Sie einen Beitrag auf Facebook mit Tipps und Tricks für einen perfekten Waschbrettbauch. Auf Instagram laden Sie Bilder zum Thema hoch und mit Snapchat zeigen Sie den Followern, welche Übungen die Bauchmuskeln trainieren.

Hootsuite, Trello, Google Alerts

Wenn Sie wenig oder kein Personal haben und Sie selbst mit tausend Dingen beschäftigt sind, kann Ihnen Social Media aus den Fingern gleiten. Verwalten Sie lieber Ihre Zeit und Inhalte mit Cyber-Tools.

Hootsuite

Hootsuite ist ein Inhaltsmanagementsystem (CMS) und hilft Ihnen, alle Ihre sozialen Plattformen im Überblick zu behalten. Sie können alle Ihre sozialen Profile integrieren und sparen dabei viel Zeit. Sie planen Beiträge ein, indem Sie einfach einen Inhalt vorbereiten und einen Termin zur Veröffentlichung festlegen. Wenn Sie gerade dienstags vormittags Ihren Social-Media-Kalender durcharbeiten, Ihre Kunden aber nicht online sind, könnten diese Ihre Beiträge verpassen. Stattdessen können Sie die Beitragsveröffentlichung für Dienstag, 18 Uhr einplanen, wenn die meisten Menschen auf Ihr Handy schauen.

Hootsuite ist ab 19$ pro Monat verfügbar und bietet eine 30-tägige kostenlose Testversion. www.hootsuite.com/SignUp_Now"

Trello

Wenn es um das Organisieren jeder Art geht, ist Trello ein praktischer Helfer. Trello ist ein virtueller Terminkalender, wo Sie alle Ihre Aktivitäten einplanen und auf einem Blick behalten. Sie können Fristen festlegen, Mitglieder hinzufügen und Aufgaben an Ihre Mitarbeiter erteilen. Trello ist kostenlos, Sie müssen sich nur mit einer E-Mail-Adresse anmelden. https://trello.com/

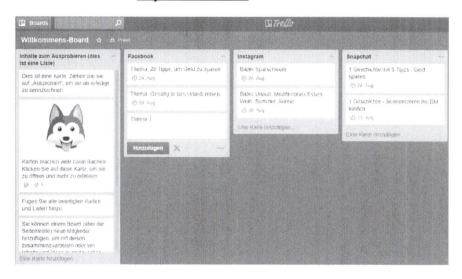

Abb. 6: Mit Trello alle Inhalte über Facebook, Instagram und Snapchat integrieren und Fristen festlegen.

Google Alerts

Sie wollen über alle Neuigkeiten zu einem bestimmten Thema informiert werden, ohne täglich suchen zu müssen? Mit Google Alerts können Sie immer in Ihren gewünschten Bereichen auf dem Laufenden gehalten werden und Diskussionen zu Ihren Lieblingsthemen verfolgen. So bekommen Sie einen Überblick über die letzten Produkte, Aktivitäten Ihrer Wettbewerber oder Nachrichten. Wichtiger: Sie können den Namen Ihres Unternehmens eingeben und kriegen gleich Bescheid, sobald etwas über Sie geschrieben wird. Sie können bestimmen, wie oft Sie Benachrichtigungen bekommen möchten, sei es täglich oder wöchentlich sowie auch in welcher Sprache und aus welcher Region die Publikationen kommen sollen. Sobald es Neuigkeiten gibt, bekommen Sie diese direkt auf Ihrer Gmail-Adresse und verpassen nie wieder was. https://www.google.com/alerts

Weitere Cyber-Tools

Dies sind nur einige Beispiele, wie Sie Ihre Zeit und Inhalte am besten verwalten können. Während man für CMS einen monatlichen Beitrag zahlen muss, sind Organiser wie Trello eine gute Alternative. Andere kostenlose Zeitmanager sind Google Sheets oder Microsoft Excel.

Eine Muse aufsuchen

Was tun, wenn Ihnen die Ideen für neue Inhalte ausgehen? Mit diesen Tipps können Sie die Inspiration finden, die Sie benötigen.

Inhalte umstrukturieren

Wie kann man ein bereits besprochenes Thema wieder interessant machen? Einfach indem Sie das Thema aus einer neuen Perspektive betrachten. Entdecken Sie neue Verbindungen, seien Sie dabei kreativ. Kombinieren Sie einfach zwei oder mehrere Konzepte zusammen, die bislang niemand so kombiniert hat.

Gespräche verfolgen

Um neue Ideen zu bekommen, muss man oft seinen Verstand etwas ruhen lassen und sich mit ganz andersartigen Dingen beschäftigen. Viele Unternehmer finden es hilfreich, Gespräche im Internet zu verfolgen, die aus einem ganz anderen Bereich kommen. Gehen Sie auf Reddit und suchen Sie nach einem Thema, worüber Sie seit längerer Zeit etwas mehr wissen wollten. Beobachten Sie, womit sich diese Industrie herumschlägt und was für Lösungen es gibt.

Die Piggyback-Methode

Suchen Sie nach Unternehmen aus derselben Branche wie Sie. Beobachten Sie, was für Inhalte diese entwerfen. Lassen Sie sich davon inspirieren und überlegen Sie, was zu deren Ideen und Argumenten noch addiert werden kann. Sie können Ihre Wettbewerber beobachten oder sogar Unternehmen und Marken aus anderen Industrien, denen Sie online folgen. Passen Sie deren Strategien auf Ihren Markt an.

Gehen Sie auf Feldforschung

Wir haben bereits gelernt, dass der Schlüssel zum Erfolg darin besteht, hilfreiche und informative Inhalte zu teilen. Deshalb, nie Probleme erfinden, sondern Probleme lösen. Wenn Sie nicht mehr wissen, was für Probleme Sie lösen könnten, gehen Sie einfach selbst als ‚Kunde' in den Laden eines Wettbewerbers. Versetzen Sie sich in die Haut der Kunden, beobachten Sie links und rechts, wie die Kunden die Einkaufserfahrung wahrnehmen. Kaufen Sie ein beliebiges Produkt und beobachten Sie, welche Probleme es gibt.

Seien Sie ganz Ohr

Wenn man vor einem Problem steht und man nicht mehr weiter weiß, kann das sehr frustrierend sein und den ganzen Spaß an der Arbeit rauben. Fragen Sie Menschen um Sie herum, was sie an Ihrer Stelle machen würden. Es müssen keine Experten in Ihrem Fachgebiet sein. Im Gegenteil, je weniger sie mit Ihrer Branche zu tun haben, desto besser. Fragen Sie Ihren alten Kumpel, Ihren Friseur, jemand aus einer anderen Kultur – kurzgesagt jeden, mit dem Sie ein nettes Gespräch entwickeln können und der Ihnen helfen kann, Dinge anders zu betrachten.

Metriken bestimmen

Was Sie in diesem Kapitel lernen:

- Messungen nutzen
- Metriken an Ihre Pläne anpassen
- Daten aus Facebook, Instagram und Snapchat herauslesen

Metriken sind Messeinheiten, die zur Feststellung des Erfolges dienen. Weil Social Media Marketing einen strategischen Plan verlangt, muss die Effizienz dieser Strategien im Blick behalten werden. In diesem Kapitel besprechen wir, wie man den Erfolg Ihres Social Media Marketings messbar macht.

Die wichtigsten 4

Ihre Ziele messen ist notwendig, um zu erfahren, ob und wie Ihre Strategien funktionieren. Analysen sind sehr praktisch, um ein Fazit aus Ihren Strategien zu formulieren und bessere Methoden für die Zukunft zu entwickeln. Im Marketing gibt es viele Parameter, anhand derer man Erfolg und Misserfolg messen kann. In Social Media Marketing gibt es ebenso unzählige Metriken. Genauso wie Sie bestimmen, welche Social-Media-Plattform für Ihr Unternehmen am besten geeignet ist, so werden Metriken auch je nach Plattform bestimmt. Für Facebook, Instagram und Snapchat sind vier Metriken besonders relevant: Engagement, Reichweite, Traffic und Community.

Engagement

Eines der zentralen Metriken, die „Gefällt mir"-Klicks, Kommentare und „Teilen"-Klicks messen, ist Engagement. Es ist die Anzahl der Rückmeldungen vonseiten der Menschen, die in Bezug auf Ihre Marke eine Aktivität zeigen. Deshalb ist jede Art von positivem Engagement vorteilhaft für die Stärkung Ihres Rufes und der Rezensionen im Vergleich zu Ihren Wettbewerbern.

Reichweite

Die Reichweite reflektiert neue Besucher, die Ihre Seite zum ersten Mal besichtigen. Wie weit gelangt ein neu veröffentlichter Inhalt im Vergleich zum letzten Mal? Je mehr Ihre Veröffentlichungen neue Menschen erreichen, desto effizienter erweist sich die Strategie, die Sie angewendet haben.

Traffic

Traffic ist die einfachste Metrik, weil Traffic grundsätzlich eine eindeutige Statistik der Nutzer zeigt, die Ihre Seite besucht oder Ihren Inhalt gesehen haben. Traffic kann man ganz einfach messen, indem man einen Blick auf die entsprechende Grafik wirft und analysiert, aus welchen Regionen und zu welchen Uhrzeiten die meisten Besichtigungen kamen. Basierend auf Traffic-Angaben können Sie in Zukunft planen, welches Timing sich als optimal für die Erhöhung Ihrer Reichweite zeigt.

Community

Die Community ist der Grundstein Ihrer Marke. Ihre Community besteht aus Kunden, Konsumenten, loyalen Anhängern und Fans. Nichts fühlt sich erfreulicher an, als eine starke Community zu haben, die hinter Ihrem Unternehmen steht und Ihnen hilft, weiterhin zu wachsen. Versuchen Sie immer, auf mehr „Gefällt mir"-Klicks und Abonnenten abzuzielen, weil das eine langfristige Beziehung und wiederholte Einnahmen bedeutet.

Facebook-Analytik

Facebook bietet übergreifende Metriken für Geschäftsseiten. Facebook gibt einen Überblick an Informationen über die Leistung Ihrer Seite wie beispielsweise demographische Daten sowie die Art und Weise, wie Nutzer auf Ihre Inhalte reagieren.

Sie können die Statistiken nutzen, um zu verstehen, wie Menschen sich auf Ihren Seiten einbringen und um zu lernen, welche Inhalte das höchste Engagement hervorrufen.

Gehen Sie auf die Facebook-Seite Ihres Unternehmens und klicken auf der oberen Leiste auf „Statistiken". In der linken Spalte finden Sie eine Übersicht der wichtigsten Metriken, gefolgt von detaillierten Bereichen ihrer Leistungen wie „Gefällt mir"-Klicks, Reichweite, Seitenaufrufe, Seitenvorschau oder Beiträge.

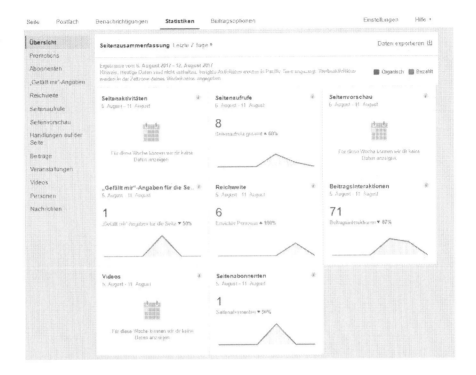

Abb. 7: Statistiken Ihrer Facebook-Seite bieten übergreifende Informationen zur Besucheraktivität.

„Gefällt mir"-Klicks: die Anzahl aller Nutzer, denen Ihre Seite gefällt. Neue „Gefällt mir"-Klicks zeigt die Anzahl von neuen Nutzern.

Reichweite: Die gesamte Reichweite ist die Anzahl von Nutzern, die Ihre Inhalte gesehen haben.

Handlungen auf der Seite: Repräsentieren das gesamte Engagement aller Nutzer, die auf Ihre Beiträge reagiert haben, sei es durch einen Klick von deren Pinnwand aus, „Gefällt mir"-Klicks, Kommentare oder „Teilen"-Klicks.

Von hier, scrollen Sie nach unten, um die Reichweite und Interaktionen der letzten fünf Beiträge zu beobachten.

Abb. 8: Beiträge mit vielen Interaktion können beworben werden, um die Reichweite zu vergrößern.

"Gefällt mir"-Klicks

Auf der linken Leiste, klicken Sie auf "Gefällt mir"-Angaben, um detaillierte Metriken über die Netto-„Gefällt mir"-Klicks zu sehen.

Ihre Netto-„Gefällt mir"-Klicks bestehen aus folgenden Metriken:

- „Gefällt mir nicht mehr" – Die Anzahl der Nutzer, denen Ihre Seite nicht mehr gefällt.

- organische „Gefällt mir"-Angaben – Anzahl der Nutzer, die unabhängig von hervorgehobenen Beiträgen ein „Gefällt mir" abgegeben haben

- bezahlte „Gefällt mir"-Angaben – Anzahl der Nutzer, die Ihre Seite als Resultat von gesponserten Beiträgen ein „Gefällt mir" abgegeben haben

- Netto-„Gefällt mir"-Angaben – Anzahl gesamter „Gefällt mir"-Klicks minus die Anzahl von „Gefällt mir nicht mehr"-Klicks.

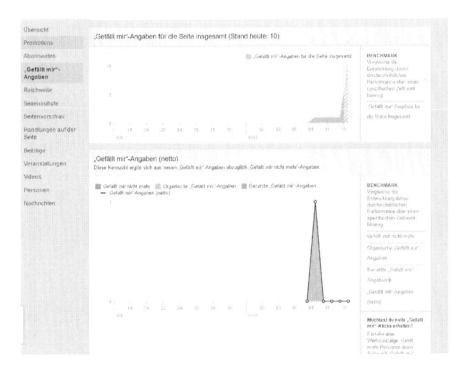

Abb. 9: „Gefällt mir"-Angaben an einem bestimmten Tag (oben) und Netto-„Gefällt mir"-Angaben innerhalb einer Zeitspanne von 28 Tagen.

Wenn Sie nach unten scrollen, so finden Sie eine Grafik, welche den Ursprung der „Gefällt mir"-Klicks anzeigt.

Reichweite

Unter "Reichweite" können Sie zwei verschiedene Metriken beobachten. Zunächst sehen Sie eine Grafik von der Gesamtzahl organischer und bezahlter Reichweiten. Danach folgt eine Grafik mit den gesamten „Gefällt mir"-Klicks, Kommentaren und „Teilen"-Klicks. Diese Grafik ist sehr hilfreich, da sie Ihren Erfolg am besten wiedergibt.

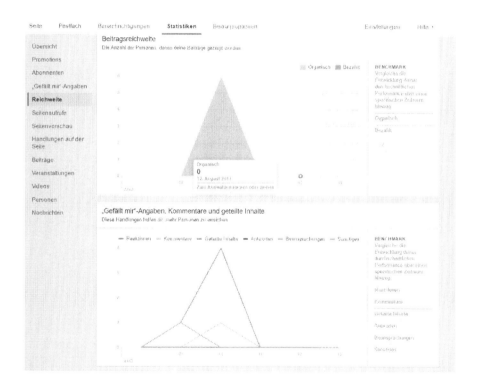

Abb. 10: Alle Metriken auf einem Blick. Bislang gibt es keine Angaben zu bezahlten Aktivitäten.

Als Nächstes sehen Sie, wie oft Nutzer Ihre Beiträge verborgen, gemeldet oder nicht mehr abonniert haben. Wenn diese Metriken steigen, sind das schlechte Neuigkeiten. Sie können Nutzer organisch schwieriger erreichen. Eine Steigerung dieser Metriken deutet auch darauf hin, dass Ihre Zielgruppe sich von Ihren Inhalten nicht angesprochen fühlt. Versuchen Sie, an Ihren Inhalten zu arbeiten und überlegen Sie, was Sie verbessern könnten.

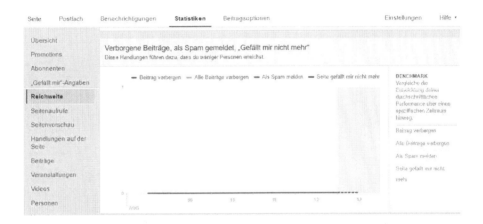

Abb. 11: Bislang gibt es für diese Seite keine negativen Aktivitäten. Weiter so!

Personen

Unter "Personen" finden Sie eine Aufteilung demographischer Angaben über Ihre Besucher. Diese sind aus Land, Stadt, Region, Sprache und Geschlecht gegliedert. Diese Informationen können später benutzt werden um zu analysieren, ob Sie Ihre Zielgruppe erfolgreich erreichen oder ob es andere Zielgruppen sind, die an Ihren Inhalten interessiert sind und mit denen Sie nicht gerechnet hatten.

Abb. 12: Die Gesamtzahl aller Nutzer, die die Inhalte Ihrer Seite gesehen haben, inklusive Pinnwand.

Instagram-Analytik

Zwar nicht so übergreifend wie auf Facebook, aber hilfreich genug sind die Statistiken von Instagram Business. Die App bietet Daten über drei verschiedene Bereiche Ihres Benutzerkontos: Follower, Beiträge und Geschichten. Mit Instagram-Statistiken können sie beobachten, wie diese drei Bereiche interagieren.

Sie können Ihre Abonnenten nach Land, Region und Stadt zurückverfolgen. Wenn sich Ihr Unternehmen auf eine bestimmte Region beschränkt, können Sie anhand dieser demographischen Daten beobachten, ob Ihre Arbeit die gewünschten Ergebnisse zeigt und mit welchen Strategien und Taktiken Sie fortfahren sollten.

Mit den Statistiken können Sie ebenfalls sehen, wie oft Ihre Abonnenten auf Instagram täglich aktiv sind und wie oft sie auf Ihre Links und Bilder gedrückt haben. Zudem können Sie beobachten, wie viele neue Abonnenten Sie haben und zu welchen Uhrzeiten diese Ihr Profil hinzugefügt haben. Das hilft Ihnen, sich nach der Uhrzeit zu orientieren und binnen optimaler Zeitrahmen neue Inhalte zu veröffentlichen.

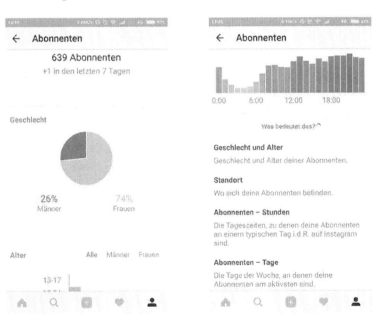

Abb. 13: Grafiken mit demographischen Daten sowie Aktivitäten der Abonnenten verfolgen.

SOCIAL MEDIA MARKETING FÜR UNTERNEHMEN

Darüber hinaus haben Sie die Möglichkeit, jeden einzelnen Beitrag zu analysieren. Diese Daten beziehen sich auf:

- Engagement – die Anzahl der Abonnenten, die "Gefällt mir"-Klicks und Kommentare abgegeben haben oder die Ihre Beiträge gespeichert haben

- Impressionen – wie oft Fotos, Videos oder Geschichten gesehen wurden

- Reichweite – die Anzahl neuer Abonnenten, die Ihre Aktivitäten zum ersten Mal gesehen haben

- Interaktionen – wie oft Nachrichten im Bezug zu Ihren Beiträgen verschickt wurden.

Gespeicherte Beiträge – von wie vielen Abonnenten Ihr Beitrag gespeichert wurde.

- *Abb. 14: Alle Informationen zum Einzelfoto (oben links) auf einen Blick.*

Instagram-Daten sind sehr übersichtlich und einfach zu analysieren, was die Verfassung und Verbesserung Ihrer Marketingstrategien wesentlich erleichtert. Schenken Sie Ihren Abonnenten genügend Aufmerksamkeit, verfolgen Sie, wann diese am meisten aktiv sind, was sie gerne sehen und was sie überspringen.

Snapchat-Analytik

Da Snapchat Ihnen ermöglicht, sich von Ihrer lustigen und verspielten Seite zu zeigen, sollten die erfassten Daten keine strenge Parameter zur Messung Ihres Erfolges sein. Wenn Sie keinen Durchbruch mit Snapchat haben, ist das keine ernst zu nehmende Feststellung. Nicht vergessen: Auf Snapchat werden Beiträge nach 24 Stunden gelöscht, Snapchat-Nutzer sind überwiegend junge Leute und die Eigenschaften der App sind begrenzt. Nichtsdestotrotz kann Snapchat für viele Unternehmen eine wichtige Rolle spielen.

Snapchat bietet sehr wenige Messungen für Ihr Profil. Dennoch können Sie zwischen den Zeilen lesen und aufgrund von Schlussfolgerungen einige Daten erfassen.

Besichtigungen (Views) – entspricht der Gesamtzahl der Nutzer, die Ihre Beiträge gesehen haben. Snapchat zählt einen Nutzer nur einmal pro Beitrag.

Screenshots – die Reichweite und Aktivität auf Snapchat kann anhand von Screenshots bemessen werden. Abseits von Ihrer Reichweite sind Screenshots hilfreich, wenn Sie eine Online-Kampagne starten, die auf Screenshots oder Coupons basiert. So können Sie feststellen, wie viele Nutzer an Ihren Kampagnen interessiert sind und folglich, ob diese Aktionen sich auf Ihr Verkaufsvolumen positiv reflektieren.

Sichtung von Anfang bis Ende – Durch diese Messung können Sie feststellen, ob Nutzer Ihre Geschichte von Anfang bis Ende gesehen haben. Damit sich Ihre Zeitinvestition in Snapchat lohnt, müssen Sie sicherstellen, dass Nutzer an Ihren Inhalten interessiert sind. Bei jedem Segment einer Geschichte können Sie sehen, wie viele Nutzer sie gesehen haben. Oft kommt es vor, dass das erste Segment mehr Sichtungen hat als das neueste. Das kann daran liegen, dass Nutzer das Interesse für Ihre Geschichte verlieren.

Zeitraum – Weil Snapchat keine automatischen Metriken zu den Besucherzahlen Ihrer Inhalte bietet, müssen diese Daten „manuell" erfasst werden. Diese Methode nimmt etwas Zeit in Anspruch, doch Sie werden bald fündig, wann der beste Zeitpunkt ist, um Beiträge zu erstellen.

Die Methode: Nehmen Sie Schnappschüsse und Videos an verschiedenen Tageszeiten auf. Für jeden Beitrag notieren Sie die Uhrzeit, an der Sie sie veröffentlicht haben. Vergleichen Sie die Besichtigungen und die Ziffern von Anfang bis Ende. Nach einiger Zeit werden Sie ein Verhaltensmuster herauslesen können und sich in Zukunft dementsprechend ausrichten.

Metriken über Geofilter – Eines der besten Dinge, die Snapchat für Unternehmen zu bieten hat, ist die Option der selbstgemachten Geofilter. Wenn Sie ein Event für das Herausgeben eines Produktes organisieren, sollten Sie es auf jeden Fall mit der Abgabe einer Geofilter-Anfrage versuchen.

Wenn Ihr Geofilter akzeptiert wird, können Sie die Beliebtheit bei Nutzern überprüfen. Melden Sie sich auf Snapchat im Web-Browser an. Drücken Sie auf Ihren Namen oben rechts. Drücken Sie auf „Meine Geofilters" und wählen Sie Ihren Geofilter aus. Scrollen Sie nach unten, um die Metriken zu sehen. So bekommen Sie eine Bestätigung, ob die Taktik über Geofilter für Ihr Geschäft funktioniert und ob Sie diese auch in Zukunft anwenden würden.

Metriken analysieren war nie so leicht zugänglich wie heute. In der Vergangenheit musste man mit rudimentären Methoden zu Informationen kommen, die bei Weitem nicht so komplex und ausführlich dargestellt wurden. Sie müssen nicht einmal einen Fachberater bezahlen, um diese Informationen zu sammeln und zu bewerten. Nutzen Sie die Gelegenheit und fördern Sie Ihr Geschäft zu mehr Wachstum.

Ergebnisse analysieren

Was Sie in diesem Kapitel lernen:

- Daten lesen und interpretieren

- Aus Erfahrung lernen

- Pläne für die Zukunft schmieden

Wenn Sie Inhalte zum Zwecke des Marketings nutzen, wie können Sie dann feststellen, ob Ihre Nachricht ankommt? Wie messen Sie Ihre Ergebnisse? Werden Ihre Inhalte überhaupt geteilt und lohnt es sich überhaupt, Werbungen zu schalten? Sie können Ihre Statistiken anhand Ihrer Facebook-Seite beobachten, aber auch anhand von bestimmten Zahlen für jede Art von Inhalten.

Schritt 1: Den Film zurückspulen

Bevor Sie mit dem Zählen und Messen Ihrer Ergebnisse starten, sollten Sie sich nochmals vergegenwärtigen, worauf Sie es während Ihrer Kampagne abgesehen hatten. Was war Ihre Zielsetzung und durch welche Plattformen wollten Sie bestimmte Ziele erreichen?

Werfen Sie einen Blick auf Ihren Social-Media-Marketing-Plan (siehe Kapitel „Effiziente Strategie ausbrüten → Schritt 3: Social Media Plan erstellen"). Halten Sie sich die Liste Ihrer Ziele sowie die Strategien und Taktiken für jedes Ziel vor Augen. Social Media kann man schließlich für eine Bandbreite von Zwecken nutzen, von Beiträgen,

Bildern, bis hin zum Kundenservice und Kundenbindung. Bleiben Sie immer im Kontakt mit dem Ziel, mit dem Sie an erster Stelle gestartet hatten. Haben Sie sich an Ihrem Plan von Anfang bis Ende gehalten? Welche Hindernisse haben Sie während Ihrer Kampagne getroffen und inwiefern hat es Ihren Fortschritt beeinflusst?

Wahrscheinlich haben Sie schon auf Facebook und Instagram mit Ihren Kunden interagiert und sich als kompetenter und hilfreicher Dienstleister vorgestellt und bewiesen. Sie haben bestimmt auch die Zielgruppe noch im Sinn, auf die Sie es abgesehen hatten. Haben Sie es geschafft, sie zum Lesen Ihrer Inhalte zu bringen? Haben Kunden mehr Service und Infos verlangt? Haben Sie Lob oder Kritik zu Ihrem Service bekommen?

Schritt 2: Auf die ausgewählten Metriken zurückgreifen

Der nächste Schritt ist zu analysieren, ob die am Anfang festgelegten Metriken mit Ihren jetzigen Ergebnissen übereinstimmen. Außerdem sollten Sie überprüfen, in welcher Form diese Daten eingeflossen sind. Wenn Sie beispielsweise das Engagement analysieren, welches war die praktischste Methode? Sind es „Teilen"-Klicks, Kommentare oder „Gefällt mir"-Klicks? Hier sind einige Vorschläge, wie Sie Ihre Metriken quantifizieren können.

- Für das Messen von Engagement, suchen Sie am besten nach Kommentaren, Antworten und der Anzahl an Teilnehmern. Wie viele Nutzer bringen sich im Bezug zu Ihren Beiträgen ein? In welcher Form und wie oft melden sie sich?

- Für das Messen von Traffic, verfolgen Sie „Teilen"-Klicks und Statistiken zu Ihrer Facebook-Seite. Vergleichen Sie den Traffic von Facebook mit dem aus Ihrer eigenen Internetseite. Analysieren Sie, ob und wie viel Facebook Ihnen mehr Traffic auf der Homepage gebracht hat.

- Für das Messen von Markenbekanntheit, verfolgen Sie die Reichweite, Beteiligung und Geographie. Wo und wie sind Ihre Inhalte angekommen?

- Wenn Sie eine Community aufbauen wollen, verfolgen Sie Beteiligungen durch Kommentare. Wer nimmt an Ihren Beiträgen teil? Geht es bei den Konversationen um Ihre Marke oder kommt das Gespräch schnell vom Weg ab? Wie klingt der allgemeine Ton der Beteiligten?

Beispiel

Nehmen wir an, Ihr Ziel auf Facebook war es, die Markenbekanntheit zu steigern. Zu diesem Zweck messen wir:

1. Die „Gefällt mir"-Klicks und Reichweite der Beiträge

2. Wie vielen Nutzer außerhalb Ihrer Community Ihre Seite gefällt

Gleichzeitig sind wir daran interessiert, die existierende Community näher kennenzulernen. Deshalb wollen wir mehr über die Mitglieder erfahren, wie beispielsweise:

1. Wie vielen Seiten diese Nutzer schon folgen und ob sich Ihre Wettbewerber darunter befinden

2. Demographische Daten, die für Ihr Unternehmen relevant sein können (Region, Stadt, Geschlecht, Altersgruppe etc.)

Schritt 3: Messen

Nachdem Sie die Metriken festgelegt haben, brauchen Sie nur noch die passenden Tools, um Ihre Metriken aufzunehmen. In unserem Fall, alle drei Social-Media-Plattformen (Facebook, Instagram und Snapchat) verleihen bereits reichlich Informationen über die Metriken.

In manchen Fällen bräuchten Sie vielleicht Analytik-Tools über einem Dritten wie beispielsweise Google Analytics. Hier können Sie kostenlos alle Aktivitäten rund um Ihre Webseite verfolgen. Registrieren Sie sich und geben Sie die erforderlichen Infos über Ihr Unternehmen ein. Sie bekommen einen Tracking-Code, den Sie an Ihre Webseiten anheften können. Dies ermöglicht Google, alle Daten rund um Traffic, Demographie oder Reichweite zu erfassen. Diese Informationen werden in übersichtliche Grafiken umgewandelt. Registrierung auf https://analytics.google.com/.

Viele Analytiken rundum Social Media funktionieren in Echtzeit. Wenn Sie also im Voraus sorgfältig planen und Ihre Parameter festlegen, werden Ihnen die Messung und Evaluierung sehr leicht fallen. Auf Facebook können Sie beispielsweise bis zu 28 Tage auf Statistiken zurückgreifen. Dies ermöglicht sehr zuverlässige und zeitnahe Informationen über Ihren Erfolg.

Die eigentliche Messung könnte etwas Zeit in Anspruch nehmen, lassen Sie also alle Analytiken ihre Arbeit verrichten. Vergewissern Sie sich, dass die Social-Media-Inhalte verfolgt werden und ziehen Sie eine klare Grenze zwischen Social Media Marketing und andere Marketingbereiche Ihres Unternehmens. Schließlich wollen Sie das Erstere messen und auf Effizienz prüfen.

Machen Sie mit der Social-Media-Kampagne wie geplant weiter. Lassen Sie ein paar Tage vergehen und folgen Sie Schritt 4 und 5.

Schritt 4: Kontrollieren und berichten

Im 4. Schritt geht es darum, die Resultate zu melden und laut Ihrer Zielsetzungen einzurahmen. Nutzen Sie Ihre ursprüngliche Befunde, um eine Basis (oder Benchmark) für zukünftige Messungen festzulegen. Kommunizieren Sie alle diese Informationen an allen Beteiligten. Zwei wichtige Fragen sollten angesprochen werden:

- Inwiefern entsprechen die Zahlen dem, was Sie erwartet haben?

- Sind sie mit den Zahlen und Ergebnissen Ihrer Wettbewerber oder anderer ähnlicher Produkte vergleichbar?

Dies ist ein idealer Moment, einen regelmäßigen Plan für die Berichte zu erstellen. Ob es täglich, wöchentlich oder monatlich ist, sorgen Sie dafür, dass Ihre Metriken regelmäßig überprüft werden. Schließlich wollen Sie nicht, dass Ihre ganzen bisherigen Bemühungen vergeblich waren. Nachdem einige Wochen oder Monate vergehen, werden Sie merken, wie wertvoll diese Daten sind und genügend Grund und Boden haben, auf dem Sie in Zukunft weiterbauen können.

In Ihren Berichten, führen Sie folgende wichtigen Zahlen ein:

- Fügen Sie idealerweise visuelle Elemente zu Ihren Daten. Grafiken sind dabei sehr hilfreich und können die Information leicht verständlich machen

- Fügen Sie Bezugspunkte ein, sodass Ihre Beteiligten schnell verstehen, worum es bei den Grafiken geht

- Halten Sie Ihre Grafiken schlicht und sauber

Beispiel: Greifen wir auf unser Beispiel mit Facebook zurück. Sie haben wahrscheinlich noch keinen Bezugspunkt, haben aber eine generelle Idee, was in der Social-Media-Kampagne bezweckt war. Ihr Ziel war es, die Markenbekanntheit zu steigern und Ihre Community besser kennenzulernen. Nehmen wir an, Ihre Beiträge haben 500 „Gefällt mir"-Klicks bekommen und wurden 50-mal weiter geteilt. Insgesamt hat es dazu geführt, dass 2000 neue Nutzer Ihre Beiträge gesehen haben.

Das ist schon mal nicht schlecht für den Anfang. 2000 neue Nutzer haben Ihre Beiträge gesehen und 50 Nutzer haben über Ihre Marke gesprochen, darunter vielleicht auch einige einflussreiche Unternehmer. Sie können auf dieser Basis für zukünftige Initiativen weiterarbeiten, Beziehungen zu Nutzern pflegen und die Markenbekanntheit weiterhin fördern.

Schritt 5: Anpassen und wiederholen

Im letzten Schritt sollten Sie sorgfältig überprüfen, wie hilfreich Ihre Messinstrumente sind. Wie praktisch und zielführend sind die Metriken, die Sie ausgewählt haben? Haben Sie dabei etwas ausgelassen? Waren einige Aspekte nicht erforderlich? Bestimmen Sie, was sie verbessern, hinzufügen oder auslassen könnten und prüfen Sie Ihre Daten genau. Machen Sie nun mehr Sinn? Vergewissern Sie sich, dass diese Messungen und Metriken zum Erreichen Ihres Zieles auch helfen und Sie nicht in eine ganz andere Richtung führen.

Im Falle einer Facebook-Kampagne stellen wir nun fest, dass wir das Engagement nicht nur über „Teilen"-Klicks und „Gefällt mir"-Klicks messen wollen, sondern auch anhand der Kommentare. Wir sind zum Schluss gekommen, dass es wichtig ist zu erfahren, welche Kommentare positiv sind, welche zu neuen Verbindungen zu Kunden geführt haben und welche Themen die Teilnehmer am interessantesten fanden. Sie können dies zur Liste hinzufügen und nächstes Mal darüber berichten.

Wenn Sie in Social Media teilnehmen, müssen Sie sich einen Überblick auf Ihre Lage verschaffen. Sind die Inhalte, für die Sie viel Zeit und Energie investiert haben, populär und ziehen sie mehr Nutzer an? Hilft Ihnen Social Media, Ihre Ziele zu erreichen? Diese Grundfragen machen das Überprüfen, Messen und Anpassen Ihrer Online-Aktivitäten so wichtig. Sie brauchen zuverlässige und konsequente Maßstäbe, um Ihnen zu helfen, in Zukunft mehr Erfolg zu haben.

Daten analysieren ist ein Prozess, vor allem am Anfang Ihrer Reise mit Social Media Marketing. Bleiben Sie Ihrer ursprünglichen Zielsetzung treu und seien Sie bereit, dafür auch Veränderungen vorzunehmen. Seien Sie offen, Neues zu lernen und sich neuen Bedingungen schnell anzupassen.

Schlusswort

Am Schluss angekommen, haben Sie hoffentlich viele nützliche Informationen mitnehmen können und fühlen sich nun bereit, Ihr Unternehmen mit Social Media Marketing zu fördern.

Social Media Marketing hat viele Vorteile: Es kostet Sie minimale Summen, ist effizient, modern und Sie haben einen einfachen Zugang zu Kunden. Mit den kostenlosen Analytiken und einfach zu bedienenden Plattformen müssen Sie keinen Spezialisten mehr bezahlen. Alles können Sie alleine meistern und Ihr Geschäft selbstbestimmt (gar von zu Hause aus) betreiben.

Haben Sie Geduld. Kunden tauchen meist dann auf, wenn Sie es am wenigsten erwarten. Treten Sie immer professionell auf und bleiben Sie konsequent, auch wenn Sie glauben, dass kein Mensch Sie wahrnimmt. Seien Sie stets bereit für die seltenen jedoch entscheidenden Momente, in denen Kunden auftauchen und Ihrem Geschäft eine neue Richtung geben.

Denken Sie nicht lange nach. Statt sich endlos über Dinge den Kopf zu zerbrechen, fangen Sie lieber an, zu handeln. Nun haben Sie die nötigen Kenntnisse. Versuchen Sie nicht, mit einem monumentalen Social-Media-Marketing-Plan zu kommen und ihn mit Wucht umzusetzen. Gehen Sie alles langsam an und fangen Sie mit bis zu zwei Zielsetzungen auf einmal an. Erkunden Sie die Möglichkeiten, die Ihnen zur Verfügung stehen. Sehen Sie die Erfahrung als ein Lernprozess.

Bleiben Sie sich selbst treu. Kopieren Sie nicht von anderen Marken und bewahren Sie stattdessen den authentischen Charakter Ihres Unternehmens. Es ist durchaus in Ordnung, sich von erfolgreichen Strategien und Taktiken inspirieren zu lassen. Fügen Sie aber Ihre eigenen Ideen hinzu und passen Sie die Taktiken an Ihr Unternehmen an. Wenn Ihre Marke ständig nur an die Marke des Wettbewerbers erinnert, so ist es kein Wunder, dass Ihre Kunden auch dahingehen. Es ist wahr, dass man das Rad nicht neu erfinden kann, doch Ihre Persönlichkeit ist das, was Ihr Unternehmen einzigartig macht. Stehen Sie zu dem, was Sie sind und lassen alle Welt davon wissen.

Printed in Poland
by Amazon Fulfillment
Poland Sp. z o.o., Wrocław